Evolution of Energy

能源的进化

变革与文明同行

胡森林◎著

电子工业出版社
Publishing House of Electronics Industry
北京·BEIJING

内容简介

本书从历史演进与文明发展的角度，透视能源进化背后的深刻动因与重要线索，找出底层规律，进而展望能源发展前景；以多学科视角，将理论观察与史实讲述相结合，立体展示能源的重要性、独特性及其与大众的密切关联；立足于中国能源转型发展，着眼能源的国际化、数字化、金融化等趋势，从国家政策、企业战略、社会行为等不同层面，提供有益的思考和建议，以促进能源与社会经济及大众生活的交融。

本书视角独特，观点新颖，格局宏大，笔法生动，具有思想性和前瞻性，历史与现实交织，科学与人文熔于一炉。

未经许可，不得以任何方式复制或抄袭本书之部分或全部内容。
版权所有，侵权必究。

图书在版编目（CIP）数据

能源的进化：变革与文明同行 / 胡森林著. -- 北京：电子工业出版社，2019.7
ISBN 978-7-121-37038-0

I. ①能… II. ①胡… III. ①能源发展－研究－中国 IV. ① F426.2

中国版本图书馆CIP数据核字（2019）第137858号

总　策　划：刘九如
责任编辑：郭穗娟　齐　岳
印　　　刷：天津千鹤文化传播有限公司
装　　　订：天津千鹤文化传播有限公司
出版发行：电子工业出版社
　　　　　北京市海淀区万寿路173信箱　　邮编100036
开　　本：720×1000　1/16　印张：15.5　字数：248千字
版　　次：2019年7月第1版
印　　次：2019年7月第1次印刷
定　　价：59.80元

凡所购买电子工业出版社图书有缺损问题，请向购买书店调换。若书店售缺，请与本社发行部联系，联系及邮购电话：(010) 88254888，88258888。
质量投诉请发邮件至zlts@phei.com.cn，盗版侵权举报请发邮件至dbqq@phei.com.cn。
本书咨询联系方式：(010) 88254502，guosj@phei.com.cn。

自 序

寻找慢变量：能源历史观与方法论

大约在八九年前，我开始做一些能源方面的粗浅研究，那时我就不知天高地厚地立下了目标："致力于从政治、经济、文化、社会、科技等多重视角，思考能源行业的变迁及其动因，追寻能源行业发展的深层逻辑，展望能源行业可持续发展的前景与路径，并观照中国现实问题，提出建设性的政策建议。"现在想来，当初还只是初生牛犊的我，口气不可谓不大。

在这一鹄的指引下，这些年来，我写了一些文章，也出版了两本能源方面的书籍，在这个以数量取胜的时代，出书速度算是比较慢的。在《破解石油迷局》一书的自序中，我有这样一番心迹的自陈：

按照我的想法，自己应该多研究一些"冷门"的问题，追寻能源行业的变迁脉络，思考行业发展的深层逻辑。我总是认为，"热门"是"冷门"的映射，眼前发生的事儿，无非是长周期规律偶然、暂时、片断式的反映。世间万物是以逻辑的方法运行的，透过事物表象寻找背后的本质规律，攫其要，循其理，在看待现实问题时就能多一份清醒，在实践中就会多一份自觉。"形而上者谓之道"，对于任何有志于思想学术创造的人来说，形而上的研究几乎都是一种本能的冲动。虽然石油和能源领域相对冷僻，但追本溯源，其中也有很多接通天道人世的深层次的元命题，值得认真探究。

所以一直以来，我总认为，远离喧嚣的热点，潜心涤虑，静水流深，才是真心有志于学者应有的姿态，而不是急于自售，在人人都能插上嘴的热门问题上浪费时间和精力。太史公曰："亦欲以究天人之际，通古今之变，成一家之言。"我一向将之奉为治学运思之圭臬，虽不能至，心向往之。为此，我也选定了长期思考的方向和写作计划，日拱一卒，跬步而不休。

之所以回头检视这些，是因为本书的思考和写作，同样是上述思维理路的产物。在瞬息万变的现实世界中，相对于那些让人眼花缭乱的快变量，我更乐意寻找那些看似变动不居实则影响深远的慢变量。我认为，它们反映了事物的本质，从深层支配了能源的进化。

准确地说，这不能算是一部系统严谨的能源史著作，而更像一个对人类经济社会文化发展进程充满好奇心的人，在回溯能源发展历史时产生的片段式的思考和感悟。为了让读者了解本书背后的思维脉络，以及贯穿其中的历史与哲学观点和方法，在此，我需要做一个真诚的说明。

经济史与能源史

从大的门类来说，能源史属于经济史的一个分支。在西方，经济史作为一门独立学科，是19世纪后期从历史学中分立出来的。第二次世界大战后，历史学和经济学都发生了革命，在两方面冲击下，经济史学也发生了革命性变化。除政治因素外，社会学、人类学、社会心理学进入经济史研究领域；除技术因素外，地理资源、气候环境以及文化、民俗等受到更多注意。传统的因果论逐渐式微，线性发展被结构分析所代替。这一阶段的西方经济史有三大学派：一是20世纪30年代兴起的法国年鉴学派进入第二代，形成以布罗代尔为首的整体观史学；二是以福格尔为首的计量史学；三是以诺斯为首的新制度学派经济史学。

中国是史学大国，不仅史料典籍浩如烟海，史论也蔚为大观。在经济史方面，中国其实很早就有雏形，《史记·货殖列传》中就应用了自然主义的经济理论。在古代，经济史往往散见于各朝史书的《食货志》中，不过，历代的《食货志》之类都偏重典章制度，实际材料不足以连缀起中国经济历史的宏观结构。

中国系统的经济史是20世纪早期通过学习西方而建立起来的。例如，知名学者钱穆先生所著的《中国经济史》颇有可观之处，贯穿全书的主要经济问题包括农业经济及土地分配、基建及水利工程、工商业发展、货币制度改革、社会阶层现象、税制及徭役等，真实地还原了传统社会的财政历史，以便后人追溯社会变革的经济动因。钱穆先生并不精通西方经济学原理，他的一些论断大体承袭了中国历代的《食货志》。但从《中国经济史》的体例与写作上看，其价值在于钱穆先生不是从经济学的角度讲经济史，而是从整个历史的角度讲经济史。

人类从诞生以来就使用能源，能源是经济生活中的重要内容，但正如经济史从历史学中分立出来需要以经济理论的发展为基础一样，能源史成为经济史的一个分支，也是在能源经济得到充分发展并受到足够关注的时候。第二次工业革命以来，石油得到了蓬勃发展，在20世纪更是成为经济的主角，被誉为"工业的血液"。廉价石油、汽车和消费主义，可以说是当代西方社会发展的3个基础。特别是在石油危机发生后，越来越多的人把眼光投向了石油，能源经济逐步成为产业经济学的一个重要学科。相应地，关于能源史的研究和写作也逐渐从经济史中独立出来。

当然，由于能源经济出现的时间较晚，能源史还不可能像其他专门史一样系统详尽，对很多问题也还缺乏足够深入的探讨。关于能源历史的著作主要有三类，第一类是高校相关专业使用的教材类书籍，着重纵向的知识普及，对于行业入门很有必要，但难以进入大众视野；第二类是能源行业从业者所撰的史料分析类书籍，例如，意大利莱昂纳尔多·毛杰里写的 *The Age of Oil*（中文译名《石油！石油！》）是其中的翘楚，国内的王才良先生也在这一领域勤于耕耘，著述颇多；第三类是围绕单一史实而深入现场查访、贴近事实而写成的著作，例如，关于美国非常规油气发展的《页岩革命》、关于俄罗斯石油工业的《财富轮转》，以及国内新华社记者江红围绕石油战争而撰写的《为石油而战》等。

此外，还有更让人瞩目的两类能源历史著作，一是从更广阔深邃的角度对能源发展进程的分析述评。其中，丹尼尔·耶金的 The Prize（中文译名《石油大博弈》）采用重大事件加深描的方式书写石油历史，获得了普利策奖，并成为经久不衰的经典。阿尔弗雷德·克劳士比的《人类能源史》从历史脉络入手解读能源，激发我们对一些问题的深思。瓦茨拉夫·斯米尔的《能源转型》《能源的神话与现实》和《能源与文明》等著作，梳理隐藏于当代能源状况背后一些值得深究的问题，客观理性地论证能源的趋势和未来图景，并将能源置于社会文明发展的背景下加以考察，给了我们关于能源问题崭新的思维。这些著作在大众中更为人熟知，作者往往并非能源界专业工作者，而是有着人文社科背景的学者或研究者。应该说，这些著作对于能源界人士加深对自己所处行业的深度了解和向业外人士介绍能源的真实情况，都有着不凡的贡献。

二是以恩道尔的《石油战争》为代表，以"阴谋论"为基调，充满惊悚内容和不经之语的大量著作充斥图书市场，误导读者，加深了大众与能源的隔膜。

历史哲学与历史观

在对历史的不同观察、理解与论述背后，是历史观的不同。而要理解这些不同，需要从历史哲学的角度加以认识。历史哲学起源于18世纪西方理性主义，最早的历史哲学家是意大利的维科，他提出"人类自己创造历史"的命题。康德则认为，人类历史可以看做大自然的一项隐蔽计划，它按照逻辑规律演进，目的在于实现一个理性的社会。黑格尔破除了康德二元论，把精神、自然界和历史描绘成一个统一的辩证法运动过程，认为绝对理性（绝对精神）是历史发展的原动力，而直接动力就是人类对自我利益的"热情"。在维科和康德眼里，历史发展的动力是人性的恶。黑格尔把人性的恶归于"理性的狡黠"，从而把它合理化了。

汤因比是20世纪的一位历史学家，他突破了中世纪以来的历史一元论、康德以来的主体历史论、工业革命以来的欧洲中心论，认为各种文明都是在"挑战和应战"中发展的。自汤因比以后，史学理论的讨论不再是"思辨的历史哲学"，而成为"分析的历史哲学"。或者说，汤因比以后的史学理论主要不是关注历史本身，而是方法论问题。

当我们用历史哲学的眼光来看待能源史时，可以看到，20世纪能源史出现时，历史哲学已经终结。能源史的研究不可避免地落入了分析哲学当中，被地缘政治、能源科技、博弈论、经济供需理论等所肢解，变得面目不清。讨论者往往探讨的不是能源史本身，也不是历史发展进程、动力和规律，而是国际政治格局、经济数据、技术等表面现象。这不能不说是十分遗憾的。而如果从历史哲学的角度加以观察，不难找到更多新的视角和理论支撑，揭示更多的历史规律性。

在历史哲学之前，人类早就有了历史意识，有了对历史的看法，即历史观。历史观的演变，在中国可上溯到春秋战国时期，在西方可上溯到古希腊和古罗马。马克思、恩格斯在论历史观时，着重讨论两种观点，即对人与自然界的关系的看法、对人与人之间关系的看法。而在认识论上，这两者也都是对思维与存在关系的看法。当我们探讨能源史时，选择这二种历史观也正好是恰当的。

人与自然的关系在中国称为天人关系。儒家、道家、法家对天人关系有不同的看法，但后来逐渐融合，用一句话来说，就是天人合一。在中国的历史观中，天人相通，天人之间是和谐的关系。天与人、人与人、主体与客体、思维与存在，都是一致的，用哲学的话来说，就是同一性。因此，中国的史观目的论色彩不浓厚，历史决定论观念也很淡薄。这一历史观集中体现在《史记》中，用司马迁自己的话来概括就是"究天人之际，通古今之变"。这种历史观用现代语言来描述就是人与自然界是可以相通的（Communicable）、人类社会是同质的（Homogeneous）、历史的发展是辩证的（Dialectic）、思维与存在有同一性（Identity）。历史有曲折，正如自然界有变化，通过"变"，即向对立面转化，最后归于祥和，而且这种"变"具有周期性。这就是中国人对历史的看法。

再来看西方的历史观。古希腊以后，就强调主体与客体的对立，这成为西方哲学的传统，以致在认识论上常导致思维与存在的分离，并为各种形式的二元论和自我主义的历史观开辟道路。在康德的历史观中，人与自然的关系已成为二元论和不可知论；他的先验论的理性判断突出主体的作用，实际是"我"凌驾于自然之上。19世纪初，黑格尔的历史哲学，在认识论上有革命性的变化，但更强调了主体，成为一种自我的历史观。

理性化的发展及其反思

随着欧洲文艺复兴、宗教改革，18世纪以"自由、平等、博爱"为号召的启蒙运动和民族国家的形成，使西方社会开启了现代化过程。从历史学的角度来说，可把"现代化"定义为"理性化"。

西方理性主义的功绩，主要表现在科学发展和民族国家的富强两个方面。16世纪培根就提出征服自然界，他的名言"知识就是力量"即指征服自然界的力量。以后西方科学的发展都是朝着破坏自然界的平衡以满足人类欲望这个方向进行的。1859年，达尔文发表了《物种起源》，创立了生物进化论，该书描述生物界的生存竞争是不惜吞食和消灭对方，并认为这些都是合理的，进而形成社会达尔文主义。因此，西方民族国家在形成过程中就开展了掠夺成性的殖民主义，并发展为帝国主义，致使战争不息。这和中国理学崇尚的"民胞物与"思想简直不可同日而语。

最明显的是西方经济学提出利益最大化原则，为使利益最大化，人们可以无限地消耗地球上有限的资源，政府和人民处于靠契约维持的利益对立关系，而人与人之间都只能在市场上尔虞我诈。西方经济学设定每个人都是理性的人，演化至今，由于"理性预期"可使一切公共政策变得无效，又因个人理性超过集体理性，一切交易行为都会变成博弈，都会导致集体行动的困境。

以上种种情况不能不说是理性主义带来的弊病，对整个社会的历史观也造成了直接的影响。简而言之，就是形成了一种"工具理性"的历史观，或曰"功能理性""目的理性"，有别于向往真善美世界的"道德理性"或"价值理性"。这种理性可以通过逻辑程序，有效地实现人们预期的目的，而不管这样做是否违反道德原则。

我们再来看中国的理性主义。中国的理性主义以朱明理学为代表，它出现得比西方理性主义早，而很长时间都未见到应有的效果。19世纪以后中国的理性化或现代化，反而是借助西方理性主义的输入，不能不说这是历史的吊诡，但从中也能窥见中国文化内在的奥秘。

在宋朝，先后有周敦颐、邵雍、张载、程颢、程颐、胡安国、胡宏等理学家出现，各有所长；南宋朱熹集大成，完成体系。在天人关系上，宋儒正式提出"天人合一"的命题。在人与人的关系上，以仁义为人际交往最基本的"理"。朱熹虽也讲"格物穷理"，认为认识客观事物是知识的来源，而实际上他所讲的都是伦理道德之理，不讲物之理。可以说，儒家的理学是"道德理性"，没有"工具理性"。其弊端在于，道德理性不能工具化，就变成教条，日益僵化，未能催生出现代科学技术的发展。这也就是著名的"李约瑟之问"的由来。

后来的王阳明创造了"致良知"说，提高了个人理性思维的价值，但其论证仍限于义理，缺乏工具理性。清代儒学回到经学，儒学的理性化以失败告终。经历了19世纪后期的洋务运动、戊戌变法和20世纪初期的辛亥革命之后，中国吸取和借鉴西方的科学和工具理性，"新学"兴起。

从工具理性看，西方的理性化或现代化确实成绩辉煌；但从价值理性看，生态破坏、商品拜物教、人的异化等问题，不能不引起反思和批判。从20世纪70年代起，西方兴起的后现代主义开始批判西方现代资本主义社会，尤其是文化思想。从历史观的角度看，主要有以下这些方面的反思。

一是人与自然、人与人的关系问题。后现代主义者认为，人与自然界不是主体与客体的关系，而是人"关切参与"自然的关系，颇有"天人合一"的味道。在人与人的关系上，他们认为人都是"共同存在"的，共同分享这个世界。哈贝马斯提出系统的"交往理性"理论，认为现代资本主义社会，人异化为物，丧失人的自由，一切现实社会关系都由金钱和权力分配。要重建后现代社会，必须恢复人与人的交往理性，开展诚意的对话，通过沟通和协商，促进社会整合。

二是理性化或现代化问题。后现代主义认为18世纪以来的理性化或现代化是个历史错误，错误在于"野蛮的工具理性"由科学经济领域侵入了道德价值领域，扭曲了人类的交往。因此，提出在现代化过程中，道德或价值理性应该主导工具理性，价值观应该约束科学技术。

三是历史一元论和中心论问题。历史一元论的基础是价值一元论和文化一元论。后现代主义者在哲学思想上差不多都是多元论者和非中心化论者，在历史观上也是这样。著名的后自由主义者柏林提出各种文化价值的"不可通约性"，不能用一个尺度来衡量，自然不能只有一个中心。斯宾格勒认为每种文化都会由盛而衰，汤因比认为西方文明要免于衰亡，必需一种"终极的精神"。

四是历史的连续性问题。历史连续性的概念合理性作为人类的目的，把历史写成人类不断完善自己、理性不断增强的历史。福柯认为，启蒙运动以来的历史学是一种以人为中心的主体主义史学，他声讨这种有发展而无变革的目的论史学。福柯提出建立新历史，即用非连续性概念来看待历史，强调断裂和转换。中国的历史观虽然一直是连续的，但"通古今之变"包含变革的意思，这与福柯所说的断裂和转换在深层是相通的。

我对历史的看法

　　历史观和方法论是不可分的,在研究具体历史问题时,一切历史学理论都可视为方法论:思维的方法或者论证的方法。具体来说,第一种方法是实证主义的。不认同实证主义的历史学家主要是对历史作为艺术和科学的不同特性的认识与实证主义者不同。他们认为对历史事物应有价值判断,而不主张对待历史也像对待其他科学那样,只问"是怎样",不问"应该怎样"。

　　第二种方法是源于社会学的结构主义和整体史观。社会学把社会看做一个有机的整体,"整体大于部分之和",而结构意味着部分与整体的相互关系。在20世纪30年代兴起的法国年鉴学派,自始即用社会学方法研究历史。他们认为历史学重视的不是显赫人物,而是组成社会的群体;不是动人的事件,而是不显眼变化着的社会结构和社会心态。这启发了我,应该用"长时段"眼光(相对于局部眼光而言)研究历史,可以避免眼光短浅的评论,也可以避免那种就事论事的文风。

　　第三种方法是经济计量学。有人主张,凡能计量者,应尽可能作定量分析。定性分析只给人以概念,要结合定量分析才能具体化,并改正概念的偏差。但我认为,当缺乏长期统计资料或者资料不甚可靠的情况下,定量分析亦需靠推算和估计。若估计不可靠,口径难统一,不如不用。计量学方法一般适用于研究生产力,而不适用于生产关系,应该用于检验已有的定性分析,而不宜用它建立新的理论。

　　第四种方法是制度经济学。新古典经济学研究短期经济现象,把国家、意识形态以及制度安排都视为已知的、既定的或外生变量，不予考虑。制度经济学改变这种观点，把它们都纳入经济史研究范围，提出以制度安排为核心，研究各时期的结构变革和经济组织的有效性，并观察其实际绩效。这是方法论上一大启示，但我认为，这一方法在研究应用上也不能过于依赖。历史是复杂的、多元和多因素的，不能把制度安排作为唯一的原因。

之所以费这么多笔墨讲述我所理解的历史观和方法论，是对本书中的观点做一个思想交代。我是学人文学科出身的，现在从事经济工作，而所写的这本书是关于能源历史的，对于历史，如何讲述，取决于你如何看待。每个人都有自己眼中的历史，从不同角度和方法出发，百家争鸣，才能有观点的激荡和碰撞。如何理解能源史、研究能源史，每人都可以有自己的看法。

在新的历史条件下写一部新的能源简史是应该的，问题主要在于究竟应该怎样写，究竟应该采用怎样的标准进行取舍。换言之，一本书不可能容纳全部的历史事实，不可能将什么事情都写进去，一定要有取舍，一定要有所放弃。否则，细大不捐，包罗一切，那就不是供人阅读的简史，而是供人查阅和检索的历史百科全书了。当然，也不能只凭借记忆或涉览所及，或个人兴趣而决定取舍。这对于许多写作者来说，或许便捷，但写出来的也不是理想的作品。

一部理想的书应该做到提纲挈领，只记录和讲述一些最重要的事情。至于什么样的事情才是重要的，我借鉴前辈学人张荫麟在《中国史纲》一书所给予的启示，根据能源历史的特点和我对它期望的功能，提出自己认定的5个标准。

第一个标准是"创新性的标准"。我认为能源史首先还是"史"，要有历史观。我赞成中国传统的"究天人之际，通古今之变"的历史观念：长期来看，能源发展要顺应历史规律；要辩证地考察能源的发展进程，包括周期性；要注意到历史中一些显现的或者潜在的重要关节，在历史上是否具有新意、与以往不同，从而构成了历史的张力。因此，讲究的是"动力学"而不是"静力学"，考察的是具有新异性的事物或思想。我倾向于自然主义历史观，认为历史具有偶然性，在我看来，一切目的论、决定论的思维方式都不足取。

第二个标准是"长时段的标准"。我不赞成历史目的论和决定论，但我认为历史发展有它的趋势和方向。在大趋势下，历史决定了能源的发展，能源也改变了历史的航向。对历史的看法，受所选择时间参照的影响。法国历史学家布罗代尔说，对短时段的事件不能客观地叙述，而要根据自己的哲学观加以选择。我认同这一观点。当然这种选择不能过于主观，避免以分析史完全取代叙事史。

第三个标准是"多维度的标准"。考察一段历史，从单一的角度往往是不够的，如果能扩张视野，从政治、经济、哲学、社会、文化等多重视角加以观察，就能从历史中挖掘出更多的信息和内涵。在不能掌握足够可靠的第一手资料的情况下，要认真辨识，有所舍，才能有所取；但应有整体观点，全局在胸，力戒孤立地看问题，特别要厘清事物中的结构或"构造"关系。

第四个标准是"引导性的标准"。历史真实性是个认识论问题，应当承认我们对历史的认识总是相对的，并有局限性。随着知识的积累和时代的进步，历史需要不断地被认识和改写。价值判断是中国史学的优良传统。我主张应作实证的和规范的两种价值判断。实证判断要把所论事情严格地放在当时的历史条件之下，不可以今论古。规范判断是用今天的价值观来评论古人的历史局限性，但要有足够谦虚的态度，因为我们的价值观也有时代局限性。

尽管我不想成为一个道德说教者，也尊重每个个体的选择自由，但我认为社会整体的进步有赖于每个人的文明提升，其中就包括对能源的善用和对环境的爱护。特别是在今天我们已经有了这样理性认识的时候，更应该积极倡导。我不完全坚信进化史观，而认为进化与退化都是有可能的。这取决人类的行为，以及我们采用何种标准来衡量历史的进步与后退。

第五个标准可以称为"发生学的标准"。要了解现状和未来，更要追溯现状的由来，即要探究一个现象究竟是怎样发生和演化的。按照这个标准，过去和现状之间的关系越深，则越重要。在能源研究中，还是应该先考察能源变迁，然后再考察制度、社会、文化思想。在能源历史上，已有两次能源转型引发两次工业革命，目前正在经历第三次工业革命。生产方式的变革时间相对短，经济制度与生产关系的变革时间相对长一些，而社会、文化的变革时间则更长。

经济史研究要注意非经济因素，最重要的是政府和大众文化两项。经济发展和制度革新会引起社会结构、社会群体组织和行为的变迁，社会结构的变化也会影响经济发展。同时，制度的变革往往需要社会群体力量的配合才得以实现。社会的互动机制的强弱，决定了一种经济模式或者思想意识能否成为主流。

经济发展、制度改革、社会变迁，在最高层次上都要受文化思想的制衡。制衡一词有双重含义：一方面，不合民族文化传统的制度创新往往不能持久；

另一方面，文化思想又常是社会制度变革的先导。文化思想变迁不是与经济变迁如影相随的，经济决定论的观点是应该破除的。

在写作之初谋篇布局时，我就有意选择了少数主题作为专题进行讲述，对专题以外的大事，只概略性地涉及，仅作为背景。这样不仅节省了篇幅，而且避免了枝蔓衍生，有利于读者从大脉络上把握能源进化的历程。在内容的选择上，参照前面的 5 个标准加以取舍。在此基础上，充分融汇前人研究成果和探寻能源历史而获得的启示，以简洁明了的方式进行表达，没有烦琐引证，没有过程考据，不引用原始文献，减少专业化的阅读障碍。

是为序。

目录

第一部分　变与不变 001
    做时间的朋友 002
        追寻能源本质：储存的进化 004
        热力、移动力与电力 013
        技术与能源边界的拓展 026
        信息对能源的替代 035
        补偿性能源 044

第二部分　时空变异 051
    给能源一个支点 052
        伸缩的地球 054
        当地的能源与移动的能源 062
        能量的跨国迁徙 067
        当能源遇上金融 075

第三部分　能源转型

揭开能源进步的面纱 082
　　点燃火种：突破能源发展的临界点 085
　　穿越"能源三峡" 092
　　能源民主的新图景 097
　　隐形能源与能效革命 102

第四部分　走出迷津

当我们在谈论能源时，我们在谈论什么 110
　　能源的第一个名字是商品 112
　　恐惧与贪婪的灾变心理 118
　　为能源神话祛魅 126
　　作为隐喻的能源 132

第五部分　共生之道

以人为本的能源观 138
　　在自然面前，"人"字有两种写法 140
　　能源作为一种素养 148
　　跨越能源鸿沟 162
　　迈向低熵 169
　　能源治理新秩序 174
　　气候革命的理想与现实 182

第六部分 未来畅想 ·· 189

  未来走到我们中间 ·· 190

    多元化能源拼图 ·· 192

    智慧能源 ·· 196

    挖掘未来的"石油" ······································ 204

    链接产生价值 ·· 210

    交通革命 ·· 216

后记：写在能源边上 ·· 223

参考文献 ·· 225

I
PART ONE
第一部分

变 与 不 变

做时间的朋友

斯塔夫里阿诺斯在《全球通史》的第一句话就是："现代人所取得的一项杰出成就，就是对过往历史的研究和再现，而古人对在他们之前发生的事情则知之甚少。"作者举例说：希腊历史学家中最无偏见的修昔底德在研究伯罗奔尼撒战争之初就断言，在他所处的时代之前没有发生过什么大事——对历史的忽视使他无法得知雅典无与伦比的光荣和贡献。

我们不能责怪古人的无知和疏漏，这缘于历史本身的特性和人类有限理性的矛盾。一些历史的重大线索并非清清楚楚呈现的，而是隐藏在草蛇灰线中。只有当时间累积得足够长，人们才能从零碎的事件中透视其背后的规律，抽取清晰的脉络，获得对于未来的启示。——与其说是历史的吊诡，毋宁说是历史对人的诱惑。

关于能源的历史，同样如此。我们一向热衷于从物质层面讨论能源的发展和变迁，这当然无可厚非，毕竟能源首先是作为一种巨大的物质力量而存在的，"及物性"是能源作为一项社会经济话题内在的特性。但当我的眼光睃巡在"水面"之下，试图找出能源发展的深层动因和内在规律时，似乎隐约发现一些隐秘的"暗线"在不羁地波动。它们不是那么显而易见的，但又确实存在；它们既指向能源发展的本质，也彰显人类文明进程的某些微妙而深远的启示。

因此，了解和研究能源，我们既要关注热点，观察当下的变化，也不妨放长眼光，从历史长河中打捞信息、寻找线索、厘清脉络，从看似"冷门"的问题中，追寻能源行业的变迁过程，思考其背后的驱动力量和深层逻辑。

在本书第一部分，就让我们从能源历史的源头开始，作一番"漫步"与回眸。我们会发现，能源发展的本质是储存能力的进化，而看似千差万别的能源形态，归结起来无非是三种基本作用方式；我们会看到，能源的发展离不开技术进步，人类能源需求的变化也影响着技术的前进，而作为构成世界的三大基础（物质、信息和能量）之二，能源与信息之间的关系也耐人寻味；我们还会饶有兴趣地注意到，能源发展真正的驱动力在于人的需求和期待，人性一直是能源进化中不曾缺席的主角，也将继续引领能源前行的方向。

人类诞生至今，须臾离不开能源，能源的历史与人类的时间一样漫长。让我们静下心来，做时间的朋友，看清能源的来路与去向。

追寻能源本质：储存的进化

人类社会赖以生存发展的三大基础是物质、信息和能量。世界是由物质组成的，信息是交流的媒介，能量则是一切物质运动的动力。它们在维持世界存在和推动人类社会文明进步的同时，自身也在进化。其中，一个显著特点就是储存能力的增强，这反过来又大大促进了人类认识世界和改造世界能力的提升。

文明发展与储存能力息息相关

人类从动物发展而来,从"智人"开始,人类逐渐区别于动物,并成为万物之灵,其中最关键的是人类大脑的进化。根据历史学家的描述,大约是在距今7万到3万年前,"智人"出现了新的思维和沟通方式,即所谓的认知革命。得到普遍认可的理论认为,某次偶然的基因突变,改变了"智人"的大脑内部连接方式,让他们以前所未有的方式来思考,用完全新式的语言来沟通。"智人"最终得以从远古人类的众多分支中脱颖而出,成为现代人类的先祖,原因正在于认知革命所带来的大脑的快速进化。

与当时的很多大型动物相比,"智人"的大脑只占身体总质量的2%~3%,但在身体休息时,大脑的能量消耗却占了25%,而其他猿类同样状态下的能量消耗大约只占8%。为何智人这么"耗能"?原因只有一点,就是智人的大脑储存了更多的信息,大脑储存能力得到了大大地拓展。大脑的快速发展,最初源于人类的社会化所带来的信息需求,通过建立群体交往,在恶劣环境中生存下去并占据更多的主动性,无疑是其背后最主要的动力。这种信息储存能力与认知能力的相互促进,使智人在成为地球主宰者的路上走得更快。

在文字发明以前,人类初民们所使用的信息只能留存在大脑和稍纵即逝的口语当中。后来,绘画和文字的出现,使信息交流突破了时间和空间的局限,极大增强了人类改造世界的能力。为了记录思维活动的痕迹,人类使用过岩石、动物甲骨、金属、竹木、布帛等各种载体,经历了印刷术的诞生、电磁波和计算机技术的利用。特别是近百年来,人类的储存介质经历了从录音磁带到软盘、光盘、U盘,再到云端等不断变迁的过程。21世纪的信息社会,还将创造出更加先进的储存介质,更加广泛和多样地带来全新的工作方式和生活方式。

整个人类的进化史是一部人类信息活动的演进史。信息的积累和传播,是人类文明进步的基础,文化和科技的飞速发展缘于信息储存能力提升。当作为人脑外延的信息储存技术日新月异发展之时,人脑的"内存"也在不断拓展。英国《每日邮报》称,科学家最新研究表明,人类大脑的信息存储能力是之前预计的10倍。美国科学家现测量了大脑神经突触的存储能力,结果显示人类大脑可以存储1000万亿字节数据信息,相当于存储13.3年高清电视节目的数据量,而人类真正利用的还只是很小一部分。

信息储存带来了文学、艺术和科技的发展,而人类学会和发展出的花样繁多的食物储存能力,则有效地增强了体质,延长了寿命,拓展了活动范围。动物驯化和养殖、粮食作物种植、肉食加工保存、奶酪制作、酿酒、干粮罐头等,都是对食物不同的"储存"方式。储存食物的能力使人免于饥饿和便于迁徙,最终使人突破地域的限制,走向地球的每一个角落。

据记载,在食物储存方面,早期祖先基本上已经用上了我们今天所知的全部技术。他们拥有泥质灶,使用石板烧烤技术,在北极圈内冷冻食物,通过风干来保存食物,并用牛油或兽脂来密封食物。除了冰箱、塑料容器、煤气灶和电器等现代发明的用具,旧石器时代的厨师对现代的厨房和烹饪技术并不会感到陌生。

倒是罐头的发展史,称得上一个创造性的故事,它改变了我们的饮食、购物和旅行方式。对于18世纪末期的海洋国家而言,食品是航海者和将领们脑海中萦绕不去的问题。18世纪50年代，超过半数的英国海员死于营养不良。如何在远离陆地食品供应的条件下更好地生存下来，这一难题的解决显得极其重要。奇迹制造者来自巴黎南部的一家糖果店，尼古拉·阿佩尔发明了将食物放在密封的玻璃器皿内，再连瓶带罐放入沸水中加热的保存方法。在《保存动物和蔬菜的艺术》一书中，阿佩尔公布了他的发现。法国海军最初使用了他的方法，英国商人彼得·杜兰德则进一步改良，用镀锡罐保存食物。工程师布莱恩·唐金购买了这一技术专利，并开始真正意义上的商业化规模生产。罐头的发明，使人们不再为远足时的食物匮乏而担忧，为轮船的跨洋航行提供了后勤保障，深刻地改变了近代历史。

能量储存的进化路径

作为人类能量的主要来源，能源的发展也遵循这一规律。储存能力的增强，不断改变人们利用能源的方式，也有力地推动了产业发展和科技的进步。

从钻木取火开始，人类开始使用薪柴这样的初级能源，这个最易获得的生物质能，支撑了人类数千年的发展。与此同时，人们学会使用了风力和水力，并驯化了动物以获得畜力，这些机械能成为人的自身力量的延伸，使人类改造自然的力量大大增强。

化石能源的大规模使用，在能源发展史上具有显著的意义。它的集中储存和运输，大大减少了搜集薪柴所耗费的人力成本，提升了能源获取的便捷程度；从薪柴到煤炭再到石油，人类使用的主导性化石能源的能量密度不断增加，使之成为技术快速进步的最大驱动力。煤炭和石油分别催生了第一次工业革命和第二次工业革命，改造了全世界的经济政治结构和全球化体系，使这个地球发生了迄今最为深远的改变。

当煤炭在能源舞台上逐渐黯淡时，石油也因为"峰值论"的破产而走下神坛。人们把目光投向了天然气，认为它是向未来能源体系过渡的最佳桥梁，也将是清洁能源大行其道之前"碳家族"的最后辉煌。页岩气的大规模发展，更是使天然气被寄予了更多厚望。对于能量密度最高的核能，人们在这个领域的孜孜努力从来没有停止过。

从能源发展的历史进程中，我们可以合乎逻辑地发现，能源发展就是能量储存不断改进的过程，遵循着从低密度到高密度、从分散到集中的趋势。从薪柴到化石能源再到核能的发展，使这一规律显性地呈现。而在另外一些领域，这一规律则以隐形的方式存在，比如页岩气的大范围、低丰度分布，似乎逸出了这一规律的制约，但实际上，由于压裂技术带来的分散页岩气的聚集效应，使其依然符合这一规律。

随着低碳趋势带来的能源转型和新能源的快速发展，人们有理由相信，与既往历史不同的是，未来的能源结构是多元化的，多种能源形态并存，新旧能源和谐相处。而以风、光、水为主要能量来源的新能源的离散分布，是否说明能源发展将背离从分散到集中、从低密度到高密度这一规律呢？事实上，这里的关键在于储能技术的发展。储能技术将把分布生产的能源大规模聚集储存，如此，即便能源生产方式是多元甚至离散的，但能源的储存仍然是集中式和高密度的。

能量储存的不同方式

储能并非多么新鲜的事物，它是能量转化和能源技术发展中与生俱来的特征。机械能、热能、化学能、电能、核能等主要类型的能量，都能储存在一些普通种类的能量形式中，例如，机械能可以储存在动能或势能中，电能储存在感应场能或静电场能中，热能储存在潜热或显热中，而化学能和核能本身就是纯粹的储存能形式。

在现代社会，无论是工业生产还是日常生活，能量储存都具有不可或缺的重要意义。例如对电力工业而言，电力需求的最大特点是昼夜负荷变化很大，巨大的用电峰谷差使峰期电力紧张，谷期电力过剩。如果将谷期的电能储存起来供峰期使用，将大大改善电力供需矛盾。再如在太阳能利用中，由于太阳昼夜的变化和受天气季节的影响，也需要储能系统保证太阳能利用装置连续工作。

储能技术在各种能量形态中都具有极为重要的作用，也都有不断进化的空间。机械能以动能或势能的形式储存。动能通常可以储存于旋转的飞轮中，广泛应用于各种机械和动力装置中；以势能方式储存则是最古老的能量储存形式之一，小到弹簧、扭力杆和重力装置等，大到压缩空气储能和抽水储能等。

由于峰谷用电的不均衡，电能的储存有很大的实用意义。除了利用抽水蓄能以机械能的形式储存，电能还能以化学能的形式储存于蓄电池中。为了减少现有内燃机汽车对环境的污染，电动汽车日益受到人们的青睐，而廉价、高效、能大规模储存电能的蓄电池正是电动汽车的核心。

热能是最普遍的能量形式，热能储存就是把一个时期内暂时不需要的多余热量通过某种方式收集并储存起来，等到需要时再提取使用，具体方式有显热储存、潜热储存和化学储存三大类。采暖和空调是典型的季节性负荷，如何采用长期储能的方法来应付这类负荷，一直是科学家们关注的问题。

衡量储能材料及储能装置性能优劣的主要指标有储能密度、储存过程的能量损耗、储能和取能的速率、储存装置的经济性、寿命（重复使用的次数）以及对环境的影响等。从这些技术参数来看，相对于电容器、飞轮等储能装置来说，作为核能和化学能的储存者，即核燃料和化石燃料有很大的储能密度。特别是核能，如果将它像化学能一样仅仅看做一种储存能量的形式，则它的储能密度比任何储能形式都大出许多倍，是其他储能形式无法比拟的。

未来能源发展依赖能量储存的突破

伦敦大学国王学院政策研究所主席尼克·巴特勒说："在改变能源业的技术进步中，可能没有哪一项比能源储存更重要的了。"在应用规模足够大的情况下，这项技术能够为所有人提供光和热，并从根本上改变世界能源结构。

能源储存技术可被用于从煤炭到风能的任何形式的能源供应，也可以用于从交通到供暖的任何用途。通过能源储存技术，消费者可以在需要的时候才使用能源，而不是在能源生产出来的时候就必须使用，从而平衡能源生产与使用上时间空间的不均衡，提高能源的效用和使用效率。从经济性来说，储能技术发展使可再生能源受到的影响最大，得到的益处也最多。因为在储能技术还不够成熟的情况下，这一领域能源供给的浪费比例更大，能源供给的间断性也迫使用户承受高昂的备用能源成本。

但储能技术发展的挑战在于技术进步对能源体系的改变，必然受到现有能源输配体系的制约，存在一定的"路径依赖"。这一问题的解决方案在于，只要人们能认识到储能的价值和巨大潜力，完全可以将能源储存机制融入现有输配系统当中，从而使能源生产与使用得到更好的协同和管理。

另一个被广为讨论的问题是：能源存储技术要具备经济可行性，是否一定需要取得爆炸式的突破？对此，我们要认识到技术进步的渐进性。能源储存的核心技术正在取得进展，一些技术已经拥有了商业竞争力。可以乐观地预见，在能源领域，燃料电池、电网端储能、能源管理系统将是带来革命性改变的新兴技术，各种技术集成和商业模式的组合带来的威力会日益显现。或许会出现一些改变整个能源体系的关键技术，但并不等于把希望完全寄托在某些爆炸性突破上。

储能作为全球应对气候变化与推动能源转型的关键支撑技术，被一些国家和地区寄予厚望，欧美地区、日本、韩国、中国以及澳大利亚都出台了相应的激励政策与项目规划，项目从几兆瓦级到百兆瓦级，应用领域涉及电网侧、发电侧、电源侧、微电网、数据中心、通信基站、应急电源、边远哨所以及海外家庭储能市场。我国发改委、国家能源局已发布相应的储能政策指导意见、储能技术路线图以及价格机制政策。虽然还面临着诸多问题和挑战，但从政策层面和商业环境来说，储能面临的机遇是前所未有的。

现阶段，储能市场正处于多种技术并存的局面。每类技术都有各自的优势和不可避免的缺陷，分别适用于特定应用领域。在多元化发展格局中，安全性好、循环寿命高、成本低、效率高、应用领域广、易回收的技术将会脱颖而出，受到更多行业的青睐。

可再生能源大发展的一个前提是储能技术得以真正攻克，一旦实现这一目标，将使构想当中的以电为基础平台的能源结构成为现实，电将无处不在、无时不有，届时人类将进入一个全新的电能时代。而作为能量密度最大的核能，在安全技术得到保障的前提下，将是未来的"宠儿"，核聚变技术一旦成熟，将从根本上改变人类使用能源的行为与图景。

除了技术，同样值得注意的是，新型储能技术体系在与现有成熟能源体系的竞争中，还将受多重因素影响，包括商业模式可行性、研发群体数量和质量、关联企业参与度、进入市场速度和市场反应等。如果这些问题能很好地得到解决，受到最大威胁的将是化石能源，那些雄心勃勃的传统能源发展方案，都将需要加以新的考量。

能源储存的进化是能源发展的内在规律，它不以人的意志为转移。储能技术的进步和突破，将极大地提高人类掌控和使用能源的能力。这一切何时出现，我们静静地等待，时间会揭晓一切答案。我们从历史深处获得的信息是，人类的发展过程是储存能力提升的过程，人脑、信息、食物、能源，都在这一轨道上运行，这只是历史进程中的偶然吗？我们有理由如黑格尔所说的那样相信，世界的运转自有其逻辑，有并不被一眼发现的精密结构，这背后的深层规律支配着客观事物的发展变化，使不同领域的现象出现偶合。对于这种规律，人类的任务是发现它，遵循它，努力适应它，而不是试图去改造它。

热力、移动力和电力

能源是人类一切活动的基础。正是因为有了以各种形态存在的能源，自然界与人类社会才得以从中获取能量；有了由各种能源所带来的光、热、电和动力作为保障，人类的各种活动、社会的运转才成为可能。时至今日，我们使用的能源产品已经非常多样化，但归根结底，能源有且只有 3 种最基本的使用方式：热力、移动力和电力。

能源多变的"外衣"

在英语词汇里，能、能量、能源，这三者为同一个单词：Energy，但实际上它们有不同的含义。物理学中的"能"是指物体做功的能力，它包括动能、势能、热能、电能、核能、电磁波能、辐射能和化学能。能量则是对上述各种能的计量，通常用卡（1卡等于给1克水加热升温1摄氏度所需要的能量）和焦耳来衡量。"能源"顾名思义，即"能量的来源"，目前对于能源有很多种不同的定义。

《大英百科全书》说："能源是一个包括所有燃料、流水、阳光和风的术语，人类用适当的转换手段便可让它为自己提供所需的能量。"《日本大百科全书》说："在各种生产活动中，我们利用热能、机械能、光能、电能等来做功，可作为这些能量源泉的自然界中的各种载体，称为能源。"《中国能源百科全书》说："能源是可以直接或经转换提供人类所需的光、热、动力等任一形式能量的载能体资源。"可见，能源是一种呈多种形式的，且可以相互转换的能量的源泉。确切地说，能源是自然界中能为人类提供某种形式能量的物质资源。

人类现在所利用的能源，来源于三种途径：一是来自地球外部天体的能源（主要是太阳能）。太阳除直接辐射外，并为风能、水能、生物能和矿物能源等的产生提供基础。因此，人类所需能量的绝大部分都直接或间接地来自太阳。例如，各种植物通过光合作用把太阳能转变成化学能，并在植物体内储存下来。煤炭、石油、天然气等化石燃料也是由古代埋在地下的动植物经过漫长的地质年代形成的，它们实质上是由古代生物固定起来的太阳能；水能、风能、波浪能、海流能等也都是由太阳能转换来的。二是地球本身蕴藏的能量，通常指与地球内部的热能有关的能源和与原子核反应有关的能源，也就是地热能和核能。温泉和火山爆发喷出的岩浆就是地热的表现。三是地球和其他天体相互作用而产生的能量，如潮汐能。

能源以各种形态而存在，是一个包含众多品种的大概念，根据不同的划分方式，能源也可分为不同的类型。常见的能源分类方法，按其使用方式，可以分为一次能源和二次能源，一次能源又称为天然能源，即自然界现成存在的能源，如煤炭、石油、天然气、水能等。对一次能源进一步加以分类，凡是可以不断得到补充或能在较短周期内再产生的能源称为再生能源；反之，称为非再生能源。二次能源是指由一次能源加工转换而成的能源产品，如电力、煤气、蒸汽及各种石油制品等。从使用类型上，可分为常规能源和新型能源，技术上成熟、使用比较普遍的能源称为常规能源，新近利用或正在着手开发的能源称为新型能源，是相对于常规能源而言的。由于技术的发展，新型能源的概念也是在不断变化的，今天的常规能源就是昨天的新型能源，今天的新型能源也可能是明天的常规能源。

按照能源的形态特征，世界能源委员会将其分为固体燃料、液体燃料、气体燃料、水能、电能、太阳能、生物质能、风能、核能、海洋能和地热能。其中，前三个类型统称化石燃料或化石能源。已被人类认识的上述能源，在一定条件下可以转换为人们所需的某种形式的能量，比如热能、机械能、电能和光能。随着人类对环境的日益重视，根据能源使用对环境的影响程度，将其分为污染型能源和清洁型能源。

对普通人来说，能源确实显得陌生而复杂，人们每天都在用各种方式使用各种能源，但并不一定清楚各种能源之间有什么异同，以及它们相互之间的转化关系。从不同角度对能源进行分类，是为了更有效地认识能源，有助于我们把握能源的一些外在特征，就好比我们对人的认识，从外貌和肤色等方面判断一个人是什么人种，来自哪里一样。

以上这些分类，着眼的是能源的外部特征，目的是把握人们认识和辨别能源。如果从本质上看，能源的根本特性是什么呢，它们作用于世界和人类的主要方式和机制是什么呢？我们可以通俗地说，能源是能提供能量以满足人类生产生活动力需要的自然资源（如煤、石油、风力）及其转换形态（如电力、热力）。在实践中，一个非常重要的概念是能源服务，即我们消耗能源的目的是为了取得一种服务。

从这个角度观察，我们可以看到，林林总总的能源无非都是通过热力、移动力和电力三种方式与人类发生关系的。换句话说，现代社会的能源服务主要被划分为三大类，包括将一件物品或一个人从一个地方移到另一个地方的移动力、用于加热和制冷的热力和用于启动电子和电器设备的电力。

每一类能源服务都有自己的特性。移动力主要是交通运输，它的特点是在运动中消耗能源。目前，交通燃料主要以石油产品为主。热力大多在静止的系统中消费，而且大多发生在建筑物之内，所有能源都可产生热力。电力则是整个能源消费系统的核心，其生产和消费的系统性很强，需要网络运输，因不便于储存而需产销实时平衡。

热力：产生光和热

人类最早使用的初级能源是薪柴，通过火的燃烧把薪柴中蕴含的生物质能释放出热量，这是大自然的能源给予人类最伟大的馈赠。

在古希腊神话中，火是由天神普罗米修斯盗天火而来的，其实是古人钻木取火而得的。对于火的使用，远古人类经历了一个从利用自然火到人工取火的漫长过程。最初，火山爆发、电闪雷击引起森林起火，对于原始人来说都是极其可怕的，唯恐避之不及。但是在同险恶自然环境的斗争中，人类逐渐了解到火能带来温暖，能驱散野兽；被火烧死的野兽可以用来充饥，味道更鲜美。于是，他们试着取回火种，把火作为战胜寒冷、抵御猛兽侵袭的武器。在长期劳动过程中，他们还发现了摩擦生火的现象，经过千万年的摸索和尝试，人类终于通过实践掌握了击石、摩擦、钻木等人工取火的方法。

火的使用，特别是摩擦生火的发明，是旧石器时代原始人类一项特别重大的成就，具有划时代的意义，它结束了人类茹毛饮血的时代，开创了文明的新纪元。人类从此有了人工创造的温暖和能量，再也不用生活在寒冷和恐惧中了。火的使用带来的饮食和工具的变化，使人类的体力和智力都得以发展，改造自然界的力量得以增强，交流和思想也得以扩展。恩格斯在《反杜林论》中就说："就世界的解放作用而言，摩擦生火还是超过了蒸汽机。因为摩擦生火第一次使得人支配了一种自然力，从而最后与动物界分开。"

人类的薪柴时代因为火的利用而得以开启。从物理性上来说，薪柴是太阳能以化学能形式储存在生物中的一种能量形式。它直接或间接来源于植物的光合作用，薪柴燃烧是生物质能利用的最初也最普通的一种形式。除了直接燃烧，薪柴还可以加工成木炭。把木头放在缺氧的环境里慢慢闷烧，就能得到木炭，它燃烧起来可以比木材释放出更多的热量，而且燃烧得更为彻底。

人类能源使用最为漫长的阶段就是薪柴时代，而薪柴的主要用途就是让人们从中获取热能。直到煤炭登上历史舞台，薪柴才退下不再作为主要能源，但即便到了今天，在这个世界上的很多不发达地区，依然有不少人在使用木柴、木炭、秸秆等各类薪柴，作为日常的主要能源。随着煤炭、石油、天然气等化石能源进入生产生活，尽管它们有各种各样的用途，但其中有很大一部分也是用来产生热力的。

热作为一种能源，对于人类来说，首先想到的用途就是用来加热食物。不管是谷物还是肉类食品，大部分时候都要通过加热，才更加利于人类食用和摄取营养。不论是用木材、煤炭或者燃气，用土灶、煤炉还是现代化的整体厨房，无论是直接与火接触还是通过锅具传热乃至通过蒸汽传热等方式，目的都是一样的：生上火，把各种食材加热煮熟或者煎炒烹炸后，变成供人享用的美食。

热能的第二大作用就是取暖。地球上除了热带的居民，温带和寒带的居民在一年中都得度过或长或短的冬季。对于处于寒冷中的人来说，热量实在太重要了。人们要么就地取材，用木材或煤炭燃起火来驱散寒冷，要么用现代化的各种取暖设备为居室增加温暖，比如水暖设备、热力空调、地热取暖等。

人们还会想到，地下温泉带来的热量可以用来沐浴和保健医疗，而现代科学早可以把热能用于建造农作物温室、水产养殖等。热能带来的烘干功能，也在生活中处处可见，除了最常见的电吹风，还有烘干衣物和谷物的大型烘干机等。

可见，转化热能的来源是多种多样的，可以是薪柴中的生物质能，可以是化石能源中的化学能，可以是电能转化而来，还可以是地热。薪柴和化石能源直接燃烧产生明火或者蒸汽能产生热，电可以通过加热转置产生热，地热可以直接取用。热能还能梯次利用，比如回收工业设备的余热作为热源用来供热，可以达到节能减排的效果。

热能是生命的能源。人每天从事的一切活动，以及人体维持正常体温、各种生理活动都要消耗能量，就像蒸汽机需要烧煤、内燃机需要用汽油、电动机需要用电一样。人体每时每刻都在消耗能量，人体的热能主要来源于每天所吃的食物，碳水化合物、脂肪、蛋白质这三大营养素会产生人体所需的热能，它们经过氧化产生能量，供给机体维持生命、生长发育、从事各种活动。

热还可以用来发电，比如地热发电，还可以用来产生蒸汽，并转化为机械能。从能源统计角度，热力是指工业锅炉、热电站产生的可提供热源的热水和蒸汽。蒸汽是工业领域中热能的重要载体，用来加热或加湿，也用于机器驱动。

人类历史上一次伟大的发明就是蒸汽机的出现，直接催生了第一次工业革命。瓦特改良的蒸汽机，开创了一个新的时代，极大地提升了人类的能力，并深刻地改变了世界。蒸汽机的原理，就是把燃料（一般用煤）的化学能变成热能，再变成机械能，用来驱动机器代替人工，从而带来工业的繁荣。蒸汽机车成为社会进步的重要标志。1814年，英国人乔治·斯蒂芬森发明了第一台蒸汽机车。从此，人类的交通方式也逐步得以改变，加快了进入工业时代的脚步。

热与光之间的关系紧密相连。光是能量的一种传播方式。光源之所以发出光，是因为光源中原子、分子的运动，主要有三种方式：热运动、原子发光、同步加速器发光。后面两种我们在日常生活中几乎没有接触的机会，第一种是生活中最常见的，也是光的最主要来源。热效应产生的光，太阳光无疑是最好的例子。此外，蜡烛等物品也都一样，此类光随着温度的变化会改变颜色。

移动力：空间的位移

人类最早的移动是靠徒步，后来逐步发明一些简易的工具，来增加移动的能力。在人类进入蒸汽机时代和电气化时代以前，大量交通运输是靠畜力（牛、马、驴、骡甚至狗等动物）牵引人造的交通工具来实现的。随着人类对野兽的驯化，牛车至少有五千年的历史，马车的历史有四千多年。畜力对人类生产生活做出了重要贡献。古人衡量家庭财富的一个重要指标，就是这个家庭所拥有的牲畜和畜力车的多少。

人生下来不会只待在一个地方，空间的广阔带来移动的需求，群体社会的交流与运输更加剧了这种需求，人类的生产生活中还需要很多移动力来帮助节省人力。因此，人们想到了各种办法来解决这个问题，除了用畜力来帮助行走，人们用毛驴拉磨。

机械是人体的延伸，从远古时代开始，人们就不断摸索出了一些物理学原理，学会使用和制造一些机械设备，如轮子、杠杆、滑轮、拉杆等，改变物理位置，增强移动的力量。但在没有现代化的能源驱动装置之前，只能依靠人力、畜力或者水和风这样的自然力。随着机器生产的增多，原有的动力已经无法满足需要。蒸汽机的发明极大地改变了这一切，它为机器提供了更加便利高效的动力，为工业革命注入了强大的动力，也开辟了人类利用能源新时代，人类社会由此进入崭新的"蒸汽时代"。

机械装置无论是吊车、摇臂还是机床，无论是冲撞、扭转还是抓取，本质上都是移动力的不同呈现。新型能源使用方式与机器的结合的真正意义在于把化石能源中蕴含的化学能转变为机械能，意味着人类真正掌握了能源，由此走上了改变世界的道路。此前依靠风力、水力等也能转动机器，但能否获得这种驱动力依赖地理和天气条件，由大自然随机分配，人无法自由掌控。蒸汽机则不一样，只要你为它提供燃料，机器就可以在任何地方工作。由此人类获得了驾驭大量能源的潜能，这种潜能比以往任何时候都要大得多。

而在移动力这一方面，最伟大的发明无疑是现代交通工具的使用。火车、汽车、飞机、轮船等，使人类极大地拓宽了远足的范围，改变了人们的生产生活方式、经济贸易方式，进而改变了社会文明进程和世界版图。

19世纪末，内燃机这种新动力的出现及广泛应用，为汽车、轮船和飞机工业的发展提供了条件，使人们的足迹能够更快地到达世界上的每个角落。尤其是汽车作为一种新运输工具，得到了上层社会人士的青睐，数量迅速增长。随着本茨和戴姆勒发明的汽车问世，这一新事物逐渐流行起来，成为富人阶层的稀罕物事。

进入20世纪，美国人福特开始琢磨如何改进汽车性能，实现"让每个人都开得起车"的梦想。1908年秋，福特公司在底特律的工厂生产出了具有里程碑意义的T型车。这款车售价非常亲民，一般工薪阶层都能买得起，人们亲切地称之为"世纪之车"。T型车的诞生标志着人类社会的汽车时代的到来，汽车成为真正意义上的大众化商品和普及型交通工具。

流水线模式使汽车生产从作坊跨进了工厂时代，实现了现代工商管理的一次重大跨越。随着高速公路及其配套设施的逐步完善，汽车成为一种生活方式。美国作为现代汽车工业的基地，成为"轮子上的国家"。从美国开始，这一时代潮流席卷了更多地方，从欧洲到战后的日本等国家和地区，再到改革开放后的中国以及当今世界更多的地方。汽车的不断普及，是这个星球上发生过和正在发生的重要事情之一。

汽车工业诞生之初，就因电动汽车与燃油汽车的差异进行过争论，但当时基于内燃机基础的技术选择机制，使燃油汽车受到了青睐，由于技术路线的锁定效应，燃油汽车占据了压倒性优势，这也给石油工业带来了迅猛发展的条件，油田和炼油厂加大马力生产汽车所需的燃料，使石油成为这个世界的主导能源。汽车带动公路经济兴起，也改变了原有的交通格局。

随着能力的增强、技术发展和视野的扩展，人们开始不仅仅满足于地表上的移动，而开始往外太空探索，研制了火箭、卫星、宇宙飞船、载人航天等技术，开始把人类的足迹留在广袤的苍穹。而今天，各种新型交通运输工具还在不断出现，更时髦、更尖端的技术让人们产生新的遐想，无论是中国引以为豪的高铁，还是无人驾驶汽车，都是人类追求移动力朝着更高更快方向的发展提升。更快速，效率更高，动力更强，人们希望这样的技术和工具更多地涌现，以满足永不停息的匆匆步伐。

难免遗憾的是，在军事领域，冷兵器时代，依靠生物力射箭骑马，而到了近现代，枪炮、导弹、飞机、大炮的发明和使用，使杀伤力呈几何倍数增长，移动的速度也飞速跃迁。在那些令人伤心的战争和动荡背后，也同样有能源带来的更强的力量参与其中。

电力：生活必需品

今天，电已经像空气和水一样重要，成为我们生活中不可或缺的东西。而人类对它的了解和使用，经历了一个较长的过程。

电是一种自然现象，指静止或移动的电荷所产生的物理现象，也是自然界四种基本相互作用之一。在大自然里，电的机制形成了很多熟知的效应，如闪电、摩擦起电、静电感应、电磁感应等。古代就有一些人致力于研究电的现象，可得到的结果乏善可陈。18世纪西方开始探索电的种种现象。美国科学家富兰克林做了多次实验，并首次提出了电流的概念。

1821年英国人法拉第完成了一项重大的发明。在他之前，奥斯特已发现如果电路中有电流通过，放在它附近的普通罗盘的磁针就会发生偏移。法拉第从中得到启发，认为假如磁铁固定，线圈就可能会运动。根据这种设想，他成功地发明了一种简单装置，当电流通过线路，线路就会绕着一块磁铁不停地转动。事实上法拉第发明的是第一台电动机，虽然简陋，却是今天世界上使用的所有电动机的祖先。

1831年，法拉第又研制出了世界上第一台发电机，并从中发现了电磁感应，开启了电的神秘之门。在电力的使用中，发电机和电动机是相互关联的两个重要组成部分。电动机是将电能转化为机械能；发电机则相反，是将机械能转化为电能。

第二次工业革命从重工业的变革开始，就是以电力的广泛应用为标志的。1866年，德国人西门子制成了世界上第一台工业用发电机。由于电机工程学的进步，电开始进入了工业和家庭。发电机与电动机的组合，使电的使用摆脱了伏打电池的束缚，得以在生产生活中大规模应用，电能成为补充和取代蒸汽动力的能源。内燃机与涡轮机发电、远距离送电以及区域输电网络随之出现，电灯、电车、电动工具等电气产品如雨后春笋般涌现，更为经济可靠的三相制交流电也得以推广，电力工业和电器制造业得到迅速发展，人类跨入了"电气时代"。

电的使用，对人类社会的进步产生了无可估量的价值。1882年，爱迪生在纽约市创办了第一家发电厂，专为私人供电。最初仅为85家客户服务，点亮400盏电灯。19世纪的最后几年，西方文明迅速进入电气化时代。1893年5月1日，美国芝加哥举办了一次持续半年的世界博览会，其最大的特点是"几乎每一样东西，会发光的、会出声的、会移动的，都使用电力"。

"电"似乎可以让人们操控自然力，去实现任何目标，也可以出于各种用途来使用它。正如美国历史学家亨利·亚当斯（1905）所说的那样："发电机本身只不过是将储藏在肮脏发电室里的那数吨劣质煤炭中潜藏的热能传递出去的精巧渠道而已，但对我来说，发电机是无限可能的象征。"亚当斯之所以发出这样的感慨，是因为电的使用给当时的人们带来了更大便利。此前尽管蒸汽机早已广泛运用，但让人感到为难的是，功率再大的蒸汽机也无法满足多样化的需求，只有电的诞生，才使人们能够更好地分配和使用动力。

电的发现和应用，使人类的力量长上了翅膀，使人类的信息触角不断延伸。电对人类生活的影响有两方面：能量的获取、转化和传输，电子信息技术的基础。电对人类历史产生了革命性的影响，日新月异的快速发展带给人类社会难以形容、无法想象的巨大改变，由它产生的动能每天都在源源不断地释放。如果没有电，人类的文明肯定与今天大不一样。

作为能源的一种供给方式，电所具有的多种优点意味着电的用途几乎是无可限量的。例如，交通、取暖、工业、照明、电信、计算等，都必须以电为主要能源。现代工业社会的骨干依赖着电能，在可看见的未来，电仍然是能源科技的主角之一。

电是二次能源，可经由多种原料生产得来，它的最大优势在于极易输送，只要在发电地和用电地之间架起电缆和电线，合上开关，就能获得想要的动力。因而，电是能源转换的一种重要中介。在所有的能源类型中，电最具有普适性和普惠性，不管什么发电方式，什么用电方式，你都看不出这些电之间有什么区别，能够区别的只是"有电"和"没电"。电的这一特性，让越来越多的人意识到，未来的世界能源结构将以电为框架，大部分能源都将转化成电再加以使用，电将成为能源基础平台和能源系统优化的核心。

技术与能源边界的拓展

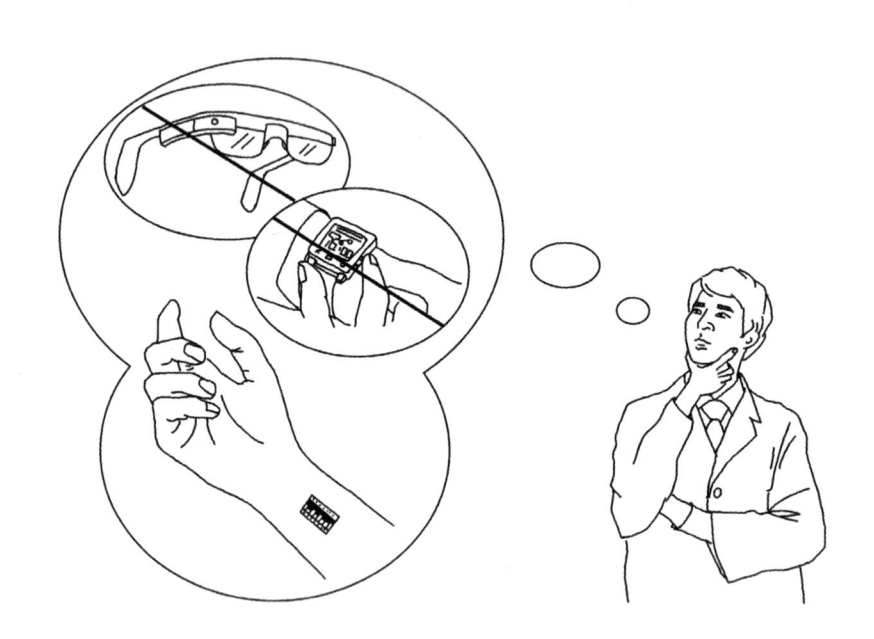

回顾历史，经常可以帮助人们理解当前事物的意义。人类社会发展的动力是能源，能源发展的历史表明，能源开发利用的每一次飞跃，都与技术的变革有着极为密切的关系，技术推动了能源的进化，推动了人类生产能力的飞跃，从而带来了人类社会深刻而又全面的变化，历史才得以翻开新的篇章。因此，技术发展当之无愧是推动能源发展的"第一生产力"。

能源利用范围的不断拓展

人类第一次有意义的能源利用范围的拓展，是从生物能到机械能。

在蒸汽机发明以前，人能够利用的能源最主要的部分来源于人类自身的体能和畜力，不仅转化效率不高，而且有存量的限制。更为关键的是，这种能量的培育时间很长，并且消耗比较大。在这个阶段最重要的能源转换形式是进食，然后转换为体力。因此，人能利用的能源主要是食物类能源，这也是民以食为天的由来。

蒸汽机的出现改变了这一切，人们终于发现了另一种能量转换方式，就是把热能转换为机械能。它的重要意义体现在以下几方面：首先，突破了进食—体能—机械能的能量转化途径，使能量转化的效率得以提升；其次，突破了人类体能的限制，不再被局限在肉身内；最后，更重要的是，原先那些不知道有何用处的黑乎乎的东西——煤炭、石油等都变得有价值了，成为可供利用的能源，从而大大拓展了人类利用能源的范围。

有了蒸汽机，但依然有一个问题无法解决，那就是能量的储存和传输问题。能量必须即产即用，也必须此地产此地用，无法突破时间和时间的限制。煤炭和石油虽然可以运输，但更多的自然力无法得到有效利用。例如，江河大川蕴含着巨大的能量，但是这些能量如何被直接运用是个难题，所以在很长时间内，人类对水力的利用也只有水车等极其初级的形式。直到电能的发现和用电技术的成熟，才有了水力发电站。电能是可以被储存和传输的，通过蓄电技术和高压传输技术，电能够被传递到很远的距离，并且能够方便地转化为其他的能源形式。这样一来，能源的利用效率得到了提升，而且之前无法充分利用的能源如水能、风能、太阳能等也成为可供利用的能源，人类利用能源的范围又大大扩展了。

能源革命与社会的变迁

中国历史上最早关于革命的记载来自《周易》："天地革而四时成，汤武革命，顺乎天而应乎人。"按照传统的说法，天子之所以能君临天下，是因为他获得了上天的授权，即"天命"，变更授权即"革命"。由此可见，革命是从根本上颠覆秩序。从这个意义来说，人类的能源利用历程确实经历了几次意义非凡的革命。

人类社会发展进步的基础是生产力，生产力就是改造自然的能力。这种改造自然的能力来自科学的进步。但是，科学进步的本质是什么？换句话说，我们要怎样评估科学的进步？相比钻木取火蒸汽机为什么是进步的而不是退步的呢？对于这个问题，人们有各种主观的评判，但如果用客观标准来评判，我们至少可以从人类能够利用的能源范围来评价。

如前面所述，人类能够利用的能源范围正在不断拓展，而这正反映了科学进步的本质。这种拓展一方面是增量的扩展，人类能够不断地发现和利用原本无法利用的能源，另一方面是存量的挖掘，人类能够提升业已存在的能源利用水平。而能源利用水平的突然跃升的时代，正是人类社会的组织形态发生重大改变的时期。

例如，钻木取火的发明使人类从对自然资源的被动接受转变为主动利用，由此，人类社会从原始社会过渡到农业社会；蒸汽机的出现和大规模使用，使人类摆脱了生物能转换为动能的低效，大幅提升了利用能源的水平，进入工业社会；电这一优质的能量载体被人类所掌握后，能量传输效率大幅提升，使人类大跨步迈入电气化社会。

提到能源，我们会很自然地想到自然界中的能源物质，从深埋地下的煤炭、石油到奔腾的江河，从炙热的阳光到四季流动的风，但我们不能忽略了一个最重要的能源，那就是人类自身的智能和体能。如果我们沿着人类智能也属于能量范围的方向继续梳理，还可以发现，计算机的大量使用，使人对智能的利用突破了生物体的限制，人类进入数据社会；互联网的广泛连接，我们对人类存量智能的利用率大幅提升，互联网社会成为一种新的社会形态；而随着人工智能和大数据、云计算、物联网等技术的发展，人类将彻底摆脱人类存量智能的限制，届时能量范围在理论上将是无限的，这是我们将面临的全新的社会图景。

我们还不难发现一个有意思的现象，即从钻木取火到蒸汽机发明所带来的第一次工业革命间隔了几万年，从蒸汽机到电的使用只间隔了一百多年，从电的是使用到计算机的出现间隔时间又缩短到了不足一百年，而互联网的出现距离计算机的出现更是只有40年的时间。可以看出，能源利用范围跃迁的时间窗口越来越短，而人类社会形态的变化速度越来越快。因为能源技术的发展，同样的时间长度，所承载的变化和密度，完全不可等量齐观。

人类智能向能量的转化

我们现在知道，即使是一台普通的家用计算机，单论计算能力，也已经远胜于人类。这就是计算机技术所带来的对智能利用范围的突破。计算机从原先的助手角色变成如今很多领域的主导力量，可完成单靠人类本身不可能完成的工作。如果从能源的维度看，计算能力这种智能的突破，是人类对能量利用范围的又一次革命性的拓展，而且相较之前更为彻底。在这之前，体能并非人类所特有，但智能一直被认为是人类所特有的，计算机这种机器的智能化是对人类特殊性的一种改变。人类在获取了更大范围的可利用能源的同时，也将自己的独特性打破了。

从人类对能源的突破上可以看到一个趋势，先是体能的突破，而后是智能的突破。这种突破无外乎发现新的智能和提升对人类存量智能的利用率。

在提升人类对存量智能的利用率方面，从PC（指个人计算机）互联网时代到移动互联网时代，不是简单地从计算机到手机，而是互联网与互联网节点（也就是人）连接的紧密程度更高。手机作为一个"传感器"，可以随时随地获取和释放你的智能，频率越高，利用效率也就越高。顺着这个思路想，还有什么能比手机带来更高的频率？绝对不是手表、眼镜这种可以穿戴设备，而是植入你身体中的芯片。那样的话，就可以"随时随地"释放智能了。也许人类有一天会走到植入芯片这一步，这是对能源利用的必然需求。

关于发现新的智能这一方面，计算能力还有相当大的潜能可以挖掘，这种潜能可以说是无限的。目前图灵机的计算能力逐渐达到上限，未来会有新的计算能力出现，如量子计算机。如果说提升计算能力是一种必然趋势，那么量子计算机的利用也是一种必然趋势。

我们还必须关注人工智能的发展，如前面所说，计算能力的出现已经打破了人类的独特性，而人工智能作为可以完全独立于人类的智能，一旦出现可能会带来更彻底的颠覆。从人类拓展能源利用范围的角度而言，人类追求人工智能的脚步一定不会停下，因为这是突破能源使用的必然需求。人工智能将极大拓展人类利用能源的范围，但能量总是此消彼长，计算机在辅助人类的同时也在消磨人类自身的计算能源，而另一种认知能量的出现是否会消磨人类自身的认知能量？也许并非人类在创造着历史，而是能源本身借由人类之手延展自己的边界。

可能改变未来的能源技术

让我们把目光拉回到能源本身。仅仅在能源本身这个领域，未来有哪些技术可能带来颠覆性和革命性的变化呢？

新一轮能源技术革命正在孕育兴起，以非常规油气勘探开采技术、可再生能源、先进核能为代表的颠覆性能源技术，正在并将持续改变世界能源格局，对人类社会带来巨大影响。

非常规油气勘探开发技术在北美率先取得突破，水平井钻井和水力压裂技术的进步引发了页岩油气革命，为美国从世界最大能源进口国转变为世界主要能源出口国做出重要贡献，改变了世界能源格局；同时大幅降低了美国再工业化的生产成本，为其赢得竞争优势。页岩油气革命也深刻影响了美国内政外交政策和全球政治经济格局。在油气等化石能源主导地位仍将维持较长时间的情况下，低成本高效率的化石能源技术将产生重要影响。

可再生能源正逐步成为新增电力的重要来源。2015年，全球可再生能源发电新增装机容量首次超过常规能源发电装机新增容量。2030年，可再生能源有望成为全球最大的电力来源。可再生能源的快速发展不仅将给电网结构和运行模式带来重大变化，而且将不断地冲击化石能源的地位。

考虑到化石燃料总有退出历史舞台的那一天，因此，世界上很多国家都在探索核能的利用。目前，人类和平利用核能的途径有两种，即核裂变和核聚变。核裂变技术目前已经得到了实际性的应用，而核聚变技术则还在探索当中。2017年7月5日，中国的EAST（先进实验超导托卡马克）成为世界上第一个实现稳态高约束模式运行持续时间达到百秒量级的托卡马克核聚变实验装置。这个实验的成功意味着人类对核聚变的可控化又迈进了一步。

此外，分布式能源、碳捕集与封存、电池储能、氢能、天然气及其液化、能源互联网，甚至"洁净煤"等技术，都被人们寄予厚望。普遍的观点认为，储能、现代电力系统、可再生能源和新能源汽车，将是新一轮能源产业革命的四项关键技术。

技术发展永远是日新月异的，科学技术是第一生产力，这在能源领域同样是定论。能源要得到飞跃式的发展，没有技术进步是万万不能的，但光有技术也不是万能的，我们要看到技术也有它的限度。

回顾人类能源历史，我们看到，一种能源要成为主要能源品种，需要满足几个基本条件：规模供应、技术过关、具有经济性、基础设施配套。在低碳成为潮流的当下，还必须满足一点：具有较少的环境负外部性[1]。因此，分析一种能源技术是否能被未来所选择，至少要从几个方面加以观察。

首先，技术是否具有可用性，它应该具有3个"符合"特征：符合科学原理、符合发展趋势、符合人性需求，而不是华丽外衣包装下隐蔽的"永动机"或"水变油"。

其次，成本是竞争力的关键，人类在选择能源上的经济理性，是驱动能源发展变迁的本质性因素。这一成本既包括能源使用的成本，也包括它所产生的外部综合成本，还包括它与原有能源体系竞争、克服路径依赖所付出的成本。因此，成本是一种综合的概念，任何只看一点而不顾及其余的视野都是不全面的。

最后，一种能源形式能不能被广泛接受，还必须具有相配套的技术设施和使用场景。这样的技术才不会只停留在实验室中，而具有了在现实生活中开花

---

[1] 外部性又称为溢出效应、外部影响、外差效应或外部效应、外部经济，指一个人或一群人的行动和决策使另一个人或一群人受损或受益的情况。经济外部性是经济主体（包括厂商或个人）的经济活动对他人和社会造成的非市场化的影响。即社会成员（包括组织和个人）从事经济活动时其成本与后果不完全由该行为人承担。外部性分为正外部性（Positive Externality）和负外部性（Negative Externality）。正外部性是某个经济行为个体的活动使他人或社会受益，而受益者无须花费代价，负外部性是某个经济行为个体的活动使他人或社会受损，而造成负外部性的人却没有为此承担成本。

结果的可能。以电动汽车为例，仅提高电池的电容和续航里程是远远不够的，还要考虑一次能源的结构优化问题、解决电池的消耗和污染处理问题、是否具备随处可充电的配套设施与随充随走的场景设计。这些技术以外的问题是无法由技术进步自动解决的。

信息对能源的替代

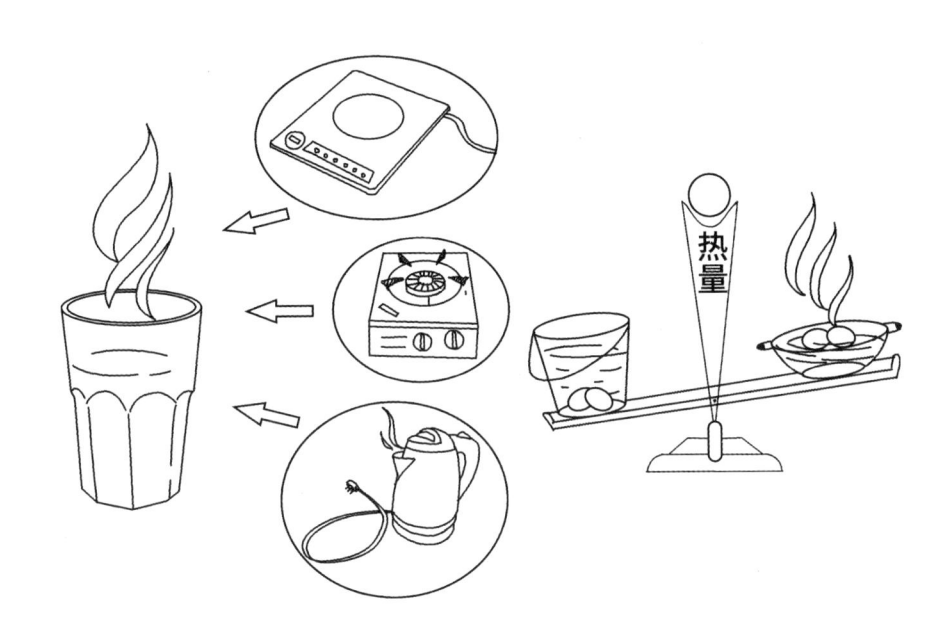

对于人类而言，能源是一个动态的含义。科学家们仅仅从物理学层面解释能源，实际上，能源对于人类还有更加深刻的意义。能源进步一直影响着人类世界观的形成，而人类的文明就是建立在对能源的认识以及相关信息的传递的基础之上的。

人类进化得益于信息获取

人类与动物的分水岭并非是使用工具和有组织的劳动,根据现代科学观察研究,"劳动创造人"的认识基本难以成立,因为在自然界中有着无数的动物可以从事有组织的劳动。例如,海狸鼠们齐心协力利用树枝在河流里建造堤坝,河水可以流过而使鱼群受阻,以便于它们的捕食;狮群和狼群有组织地围猎活动,等等。使用工具的动物也很多,例如,乌鸦为了吃到朽木中美味的蠕虫,会随身叼着一根精心挑选的且用起来得心应手的小木棍,用来捅出树洞中的虫子;海狸鼠挑选顺手的鹅卵石用于敲碎贝类外壳,品味里面的肉;最新的考古发现,非洲的黑猩猩早在远古时代就开始使用加工过的石锤来砸碎坚果。由于受到达尔文进化论的局限,哲人们的结论自然也受到时代和科学的局限。

事实上,地球上已知的动物种类繁多,据科学家统计大约有150万种。然而,至今为止,我们所知道的会使用火的动物仅有一种,而这唯一能够驾驭火的动物就叫"人"。不管这是巧合还是上天的杰作,自从人类能够使用火的信息,并传递这一信息之后,人类就快速脱离动物的序列,逐步成为掌控世界的主角。

正是人类掌握了火的使用技巧,并将这一技巧传递给自己的种群,人类才摆脱了像猿猴一样爬上树梢采果充饥的命运,改变了像虎狼一样生吃猎物的境况。是火的使用转变了人类的饮食结构,食用更容易消化、更便于吸收、能量密度更高的熟肉,使人类的体魄更加强悍健壮,寿命延长,大脑迅速进化,生存能力得到前所未有的增强。也正是因为掌握了火,人类的种群才能得以增加。而人口的增加，需要我们的祖先不断地进行更大规模和有组织的狩猎活动，制造更高效的狩猎武器和工具，进行更加有效的信息交流，建立更加复杂的社会组织系统，以及一波一波地向世界各地的每一个角落迁徙。

当人类能够利用火来加工一个更加有效的陶器作为工具时，人类的命运再次发生了质的变化。陶器使人类进入了新石器时代，人类不仅可以更好、更加高效地食用猎物，而且可以将食物扩展到植物蛋白。进一步扩大了食物来源，也进一步扩大了我们的种群，特别是我们祖先不必因为猎物减少而无休无止地迁移。而掌握木炭的技术使燃料的能量密度得到提高，有利于冶铁，因此，铁器的规模化利用成为现实，铁制农具的推广使人类进入了相对而言更先进的农耕时代。

瓦特发明的蒸汽机使人类进入了早期工业时代，在煤炭和蒸汽机的推进下，人类文明开始了前所未有的加速。接踵而来的是石油和内燃机，以及电力的发明和普及，它们使人类文明再次出现质的飞跃，进入了今天的后工业时代。毫无疑问，人类文明进步的步伐，始终依靠能源技术进步作为根本推动力。

从农耕社会到工业社会到信息社会，从体力劳动转向脑力劳动，其实是一个从提供能源到处理信息的跃迁。从人类发展的角度看，人类工作的演变过程，包括从蓝领到白领再到金领的转变，实际上也是一个从提供能源到处理信息的过程。通过对劳动工具的不断改善，人类把自己的智慧逐步转变为生产力，利用越少的体力来创造越高的价值。呈现出来的结果就是，从钻木取火的年代到农耕时代，从工业化时代到现在的信息时代，人类的工作不断从体力劳动向脑力劳动转变，从通过双手对物体进行能源加工向通过大脑对符号进行信息处理转变。

今天，人类已经进入了互联网信息时代，互联网的本质就是共享。像梅特卡夫定律说的那样，网络的价值决定于网络中节点的数量。互联网的价值就在于将原先散落的人类智能连接起来，以一种更为经济低廉的方式利用这些存量智能。原先人们的存量智能需要通过交通工具发生身体的移动才可以发生交互，且不说这种方式的时间和经济成本，单就发现这些存量智能就近乎一个浩大的工程。互联网从根本上改变了这点，从本质上来说，互联网是一种新的对存量智能利用的方式，降低了能源利用成本，从而使人类能源利用的效能提升了，实际可用的能源变多了。

热力学第二定律的启示

科学家发现，宇宙中的各种运动规律是遵照能源科学的一些基本规律进行的，特别是热力工程学的一些经典定律可以解释宇宙和人类社会各种问题的内在规律。

我们传统的世界观是构筑在19世纪中叶时对科学的认识上的，主要科学依据是牛顿运动三定律和热力学第一定律，以及达尔文的"进化论"。基本观念是"物质不灭"和"能量守恒"，认为"运动着的物质的永远循环是宇宙的最终结论"，世界总的方向是从无序向有序发展。我们的目标是建立一个"物质极其丰富"的人类大同社会，地球上的资源和能量将随着技术的发展而"取之不尽，用之不竭"。

热力学第一定律虽然支持了这一观点，但是，这一定律同时还告诉我们能源转换存在一个临界点，99℃的水要再升温1℃才能从液态变成汽态，也就是说物质的转化是有条件的。热力学第二定律（我们称之为"熵定律"）进一步告诉我们，尽管能量是守恒的，物质是不灭的，但是能量的质量将会衰减，有效、优质、便于利用和低成本的能量会越来越少，无效、低品位、难以再利用和成本昂贵的能量将会越来越多。1850年，德国科学家克劳修斯总结并表述了热力学第二定律（加入的热量／绝对温度＝熵），即熵为热量与温度之商。热可以自发地从高温处传到低温处，而不会自发地从低温处传到高温处。能量是由有用能量和无用能量共同组成的，而只有能够转化出来的、经济和环境可以承受的有用的能量才是有利用的价值能源。

简单地说，一杯热水可以自己变冷，却不会自动变热，除非借助外部更多的能量。能量虽然守恒，但是质量却发生了变化，一桶温水可能比一小锅开水所含的热量要多得多，但它永远煮不熟一个鸡蛋。对于一个封闭的独立系统，熵会自发地增加，而不会自动减少。热向更低的温度处散去，直到绝对零度（-273℃）。能量一旦散去将难以重新聚积。例如，根据宇宙热寂假说，若宇宙能量散尽，温差将消失，所有物质温度达到热平衡，宇宙将会走向热寂。能量的总趋势是从有序向无序发展，即有用的能源资源将越来越少，而无法利用的能源资源将会越来越多。要想获得任何有效的能源资源，必将付出更多的能源资源代价，或者环境、经济和社会代价。

宇宙天文学家肯定了这一观点：他们认为熵定律是一切自然定律中的最高

定律，因为宇宙和太阳的研究结果和宇宙大爆炸学说，越来越证实这一定律的正确；物理学家也发现时间的不可逆性，如同熵增加的趋势也不可逆一样，时间、物质和能量同起源于一点，时间最终指向熵的无限大，时间和能量将在宇宙温差达到-273℃（氢达到固态）时终结，一旦温差消失，热将不能传递，一切将寂静如逝，这就是热力学第三定律：绝对零度（-273℃）不可超越。生物学家发现生命的过程也在熵定律的涵盖之下，生命就是能量获取与释放的过程，生命的能量过程就是整个宇宙的能量过程中的一部分，生命逝去的过程恰恰就是一个熵增的过程；而环境学家也认为熵增正是地球环境面临的规律性问题，清洁的空气、干净的水正在越来越少；甚至社会学家、历史学家、经济学家、管理学家也在沿用这一定律来分析、认识和解释所遇到各种问题，如朝代的更迭、货币的贬值、企业的管理和竞争，等等。

信息即负熵

1867年，麦克斯韦在《热能理论》一书中提出，信息的流入可能使一个封闭系统出现局部的熵减。他认为原子在接收信息之后可能实现某种自组织能力，能够实现局部的、阶段性的负熵，这就是著名的"麦克斯韦妖"（物理学假想的能探测并控制单分子运动的机制）。所谓"妖"就是某种具有智能化的因素或信息可能改变熵的过程。1951年，法国物理学家布里渊将信息论与统计物理联系起来考虑，通过信息的负熵原理解答了这一难题。他认为"信息等于负熵"，这里所说的信息是一种特定意义的能源。

为什么说信息也是能源？信息是物质系统运动的本质特征，包括方式、运动状态及运动的有序性。香农在《通讯的数学理论》一书中指出，信息是用来消除随机不定性的东西。而对于熵，可以简单地理解为在一种系统内物质运动的无序状态，负熵就是一种有序的状态。信息与负熵的定义有异曲同工之妙，因此，我们可以认为信息就是负熵。

设想一下，如果我们能够在能源生产消费各环节加入信息，将能源知识和节能信息有效传递，让更多的人掌握如何节约能源的知识和技术，并建立"熵"的世界观，人类就可能自觉自愿地节约大量能源，通过自组织过程和信息化系统控制，就可能有效地控制熵的增加速率，将所节约的能源用于增加社会的能源供应。再者，如果我们能够建立一个数字化电网，使电线不仅传送电能，还同时转送各种信息，我们就可以将各种智能化电器通过控制信息进行协同优化，从而对电力负荷实现有效控制，这将通过能源需求侧管理在不建设新电源的条件下，增加新的电力供应能力。

麦克斯韦为了说明违反热力学第二定律的可能性而设想的"妖"，在人类进入信息时代时，提供了热力学基础的理论依据。因为人类每进入一个新的时代，都必然在能源技术突破上建立一个新坐标，信息化的能源系统就是未来信息时代的能源技术坐标。所谓信息能源，就是利用信息的非物质属性，来控制能源的消费和物质的耗散速度。典型的技术就是利用智能化的分布式能源系统和数字化电网技术，针对性地生产能源、配置能源和供应能源，从而将资源和能源消耗大幅度降低，并将环境代价不断降低，控制熵增。

用信息替代能源

信息通过加工成为特定形式的数据，并且具有超过这些数据本身价值的附加价值。这反映了它所具有的重要的与众不同之处，就是可复制性且边际成本几乎为零。信息与实物交换的本质区别在于，实物交换减少了给予方的拥有量，而信息不同，它可以使双方共同拥有。因此，我们可以得出结论：信息不属于物质世界，不遵循热力学定律。我们可以利用信息的这一特殊属性在生产和消费领域实现信息对能源的替代。

我们面临的问题是，经济增长需要资源消耗，还会带来环境污染，资源消耗和环境污染又反过来影响人们的生活质量和经济增长。如果一直在物质系统里寻找，很难找出解决问题的答案，节能的物理学基础就是在热力学定律允许的情况下以信息替代能源。能源资源有限，而信息资源无限，可以利用无限的信息替代有限的能源资源。

生活中不乏利用信息来降低能耗的案例。例如，在驾车出行前使用导航，既可以少走弯路，也减少能耗。再如，在房间里安装温度显示器，定时监测室温，可以降低取暖能耗。信息与技术含量高的机器设备能耗低，效率高。工业生产流程从手工操作到机械化、半自动化再到自动化是一个不断增加信息的采集和处理的过程。在这一过程中，随着信息量的增加，产品的单位能耗会不断降低。

经济生活中，一个基本的价值创造过程也是一个单元生产活动，实际上就是利用能源与信息对原材料进行加工创造出满足需求的产品这一过程。用同样的木材和工具，一个经验丰富的木匠与年轻学徒做出来的椅子质量会不同，售价也不同，而决定椅子价值的关键并不在于他们肌肉所提供的能源，而在于他们的技能，也就是在做工过程中投入的信息不同。

根据这个机制，为了降低自然资源和能源的消耗，使环境污染减到最小，我们需要增加信息的输入，价值创造过程可以通过提高能源的投入和信息的投入来取得。因为价值本身是非物质单位，所以通过提高非物质性的投入，即信息的投入，来增加价值。对于等量的价值，增加信息投入可以降低能源的消耗，这就是我们所说的生产活动从能源密集型向信息密集型转变、从粗放型高耗能向集约型低耗能方向转变的过程，用无限的信息资源来替代有限的能源资源也正是用信息化带动工业化、两化融合的理论基础。

补偿性能源

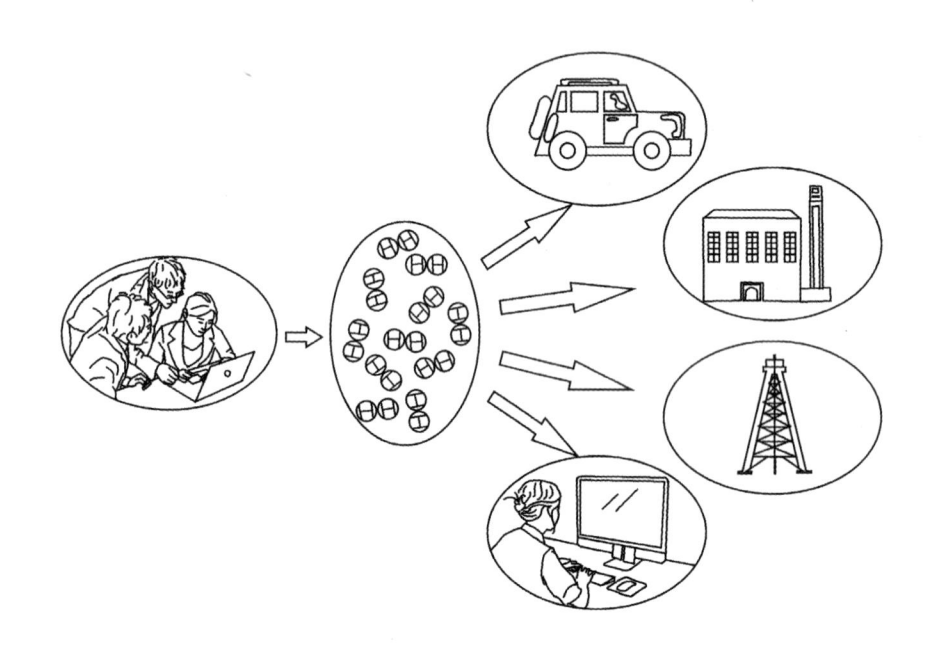

几千年来，人们对于能源总是想方设法能不受时空限制，而把能源效益最大化，这一探索从未停止。在"自然"的能源发展过程背后，最大的驱动力是人类对改变自身处境的渴望，希望驾驭能源使其为自我服务，由此而迸发出巨大力量。

能源发展暗合人性需求

人类一直渴望得到更丰富、更密集的能源,这是人适应自身环境和追求物质进步的本能使然,在一定投入下获取更多的能源回报,这是人与生俱来就有的朴素能源意识,是一种潜意识的"成本收益分析",它从深层次支配了人类的生产生活和对能源的理性选择。

正是在这种内在驱动下,人类在能源开发利用过程中,多次发生能源系统的演替,以及由此出现的一系列重大经济社会变革,具体表现不仅包括能源技术进步,也包括能源结构、能源生产消费方式、能源体制、能源观念的重大变化。

未来学家里夫金说,"每一个伟大的经济时代,都是以新型能源机制的引入为标志的"。事实也是这样,历史上每一次能源革命都伴随着一波工业革命,工业革命首先是产业和经济革命,带来生产力的巨大飞跃;然后是社会革命,推动社会结构的根本性变革;最后是文化领域的革命,导致文化观念体系的深刻变化。

从薪柴到煤炭,能源使用更加便利;从化石能源到清洁能源,能源系统更加清洁和环境友好。从低效到高效,从高污染到低污染,能源的发展越来越符合人性的需求。一方面,人性是好逸恶劳、趋乐避苦的,所以能源越来越便捷,越来越清洁;另一方面,人性又是不断趋于完善的。马克思说人的最终目的是实现"全面发展",从必然王国走向自由王国,人对自由、民主、公正、平等价值的追求一直存在,而能源发展也在暗合这种趋势和需求,"能源民主""跨越能源鸿沟""减轻能源贫困"等命题,都在凸显着人类在能源领域追求平等正义的努力,这使人类不断自我跨越,从而实现新的自由状态。能源发展因而与人类社会进程和文明发展互为表里。

新能源体系的革命性变化

很多人畅想过"石油的终结"甚至"化石能源的终结",关于未来的能源体系和能源形态,人们提出过很多构想,如天然气替代、清洁能源替代、电替代、氢替代、核聚变,等等。其中,最为详尽的阐述当属里夫金。他预言,第三次工业革命将首先由能源革命推动发生,并指出了未来新经济的五个支柱:可再生能源的转变、分散式生产、储存(以氢的形式)、通过能源互联网实现分配、零排放的交通方式。

里夫金所指的能源革命的基本内涵是,新的通信技术和可再生能源相结合,形成能源互联网,创造强大的新基础设施。能源互联网的原理是,采用分布式能源采集系统,充分摄取散落在地球各个角落的微小可再生能源,通过氢或其他技术存储间歇式能源,聚少成多,并通过互联网和智能终端技术与他者分享,从而把集中式、单向、生产者控制的能源系统,转变成大量分布式辅助、较少集中式以及更多消费者互动的智能能源共享网络。

可以预想,能源互联网一旦实现,人类将获得稳定高效的能源供应,信息技术、智能控制技术、能源收集技术、储能技术、动力技术等将飞速发展,新能源、动力设备、智能产品、生产设备、新材料等领域将不断取得新进展。

能源革命不仅是技术创新过程，更是政治、经济与文化变革过程。新的能源革命将进一步引发工业领域在制造水平、生产效率和产业组织形式方面的飞跃，由此人类将以一种协作的、民主的方式改变世界。

不妨大胆地畅想一下"能源互联网"带来的改变。每个人能够在自己的家里或办公室生产绿色可再生能源，然后把这些能源转化为氢气储存，用绿色电力为楼房、机器和汽车供电，多余的电力则可以与他人分享，就像我们今天在网上分享图片和文件一样。这一情形一旦实现，无疑是生产生活方式的革命性改变。

这一切是否像科幻小说一样不靠谱呢？回顾历次能源转型的历史，一种新的能源形态要成为主导能源，必须满足规模化供应、技术过关、经济可行、基础设施配套这几个必要条件。人类使用化石能源这种"被驯化的太阳能"已有漫长的历史，经历了煤炭、石油、天然气这样一个从固态到液态再到气态的发展。这是一个从高碳到低碳的"去碳化"过程，不仅是能源品种本身的演变，也是能源利用方式转变和能源效率不断提高的过程。"去碳化"进一步递进就是能源的无碳化。

如果未来几十年能源互联网在技术上获得突破，那么以这种能源生产和搜集模式，来充分利用分散的、多样化的可再生能源，只要具备相应的基础设施，在供应规模上就不会存在问题，最重要的考量将是经济成本。在目前情况下，以这种方式搜集能源的成本远远大于它的收益，在经济上无疑是不可行的，但是随着技术的成熟，基础设施建设带来的规模效应和边际成本降低，成本的天平将逐渐向新的能源体系倾斜。

化石能源不会枯竭，但获取的成本会越来越高，加上碳排放等环境成本的内部化，化石能源会日益昂贵。一旦新旧能源体系在较量中翻转了成本的天平，一个新的时代就将到来。就像19世纪的人们曾经以为用来照明的鲸油是取之不尽的，但捕鲸船需要付出更大的努力来获取更加昂贵的鲸油时，人们似乎突然间发现了石油。而事实上，石油一直就在那里，只不过一直在静静地等待着，等着人们在能源成本收益分析中青睐它。按照这样的逻辑，当新的能源体系越过成本的临界点，"后化石能源时代"也将到来。

没有终点的旅途

这一新的能源构想是否是人类能源的终极替代？能源互联网能否成为解决化石能源困境的"终极救赎"？这是一个让人为难的问题。事实上，在一种新的能源体系之初，人们总是以为遇到了极其丰富的能源供应，直到有一天，发现新的挑战横亘在面前。例如，发现薪柴的使用速度远远超过森林的生长速度，发现煤炭无法作为内燃机动力且不能方便地"注入某种容器"，发现石油储量减少而必须到更加遥远偏僻的地方去寻觅，最终人们开始寻找新的替代品。新生者总是比原有事物更具优势，然而到目前为止，所发现的每一种替代物也都存在着无法弥补的缺陷，即便是构想中的新能源体系，不管最终采用哪种技术路线和方案，也都并非尽善尽美。

人类对更加优质高效能源的追寻，注定是一场没有终点的旅途。与其探讨是否存在"终极替代"的乌托邦，著者更愿意借用保罗·利文森的"补偿性媒介理论"来理解这一问题。利文森用它来说明人在媒介演化中进行的理性选择，他认为，任何一种后继的媒介都是一种补救措施，都是对过去某一种媒介或某一种先天不足的功能的补救和补偿，但这种补偿又会产生新的缺陷。例如，广播是对报纸在听觉上的补偿，电视是对广播在视觉上的补偿，而互联网、移动互联网则进一步满足了人类在感觉、触觉等多重身体和心理体验的需求，但这也并不是终点。

我们只要验证一下，就不难同意这一点。而这一规律并非独存于媒体领域，在建筑、交通、饮食等方面也不难发现其踪影，它是人类生活和社会发展中的多发现象和共性规律。换言之，为了满足人的需求，人类的技术将越来越完美，越来越"人性化"。在人工智能技术日益发达的今天，人们已经能研发出具有"类人"特征的技术和设备，为人类提供各种更加人性化的服务，从机器人、大数据到基因技术，技术的智能程度在不断提高（尽管也有一些危险的倾向需要防止）。

人类技术开发的历史已经说明，技术不断在模仿甚至复制人的某些功能、感知模式和认知模式。技术发展的趋势越来越人性化，这既是人的主观能动性的深层体现，也是对根本人性需求的深切回应。

在能源领域，同样存在这样一个"补偿性能源理论"，不管新的能源体系何时出现，以何种面目出现，它都理应更加重视人性的需求，充分运用人的意识和潜能，始终把"人"的问题摆在能源发展的重要位置，依靠人的智慧去推动并实现能源的发展。这是目的和过程的合一，也是保证人不被技术所异化的重要条件。

II

PART TWO

第二部分

时空变异

给能源一个支点

阿基米德如是说:"给我一个支点,我将撬动地球"。这是他在物理世界里的假设和畅想,在他生活的年代,还无缘见到能源巨大而深远的影响。事实上,能源是真正撬动地球的杠杆。能源技术的不断发展和使用形态的进化,让地球发生翻天覆地的变化。

如果说能源撬动地球得有一个支点,那么,是技术?是能源形态?还是人类的智慧在起作用?实际上,能源真正改变的,是人们对时间和空间的感知和认识。能源通过改变时间与空间,进而改变了世界。

在能源的世界里,时间不是线性发展的,而是反复、变异和糅合的。人类最早使用的太阳能、风能、生物质能等初级能源,在被遗忘了许久之后,又登上历史舞台成为"人造能源",古老的能源故事重新出现。"一带一路"的谣曲继续传唱,远古与今天的时间再次重叠交错;伴随能源的国际化、市场化、智能化、金融化趋势，能源在时间维度上出现了不同的面向。国际化和市场化，使能源的流转周期变得更长，好比延长了生命；技术的发展和智能化应用，使能源经历多次转换，不断重生；而能源金融化的加剧，使能源附着在金钱上永不休止地流动，期货的发明和使用，更是通过交易让能源的时间出现颠倒和反向。当我们遇到"能源"及其某一种形态属性时，我们有时真不知道，这是它的真身还是假面，是今生还是前世。

在能源的世界里，空间也不是平坦的、舒展的，而是拼接、叠合的。能源技术的发展应用，使生产力水平加速提升，距离的远近得以改变。交通方式的革命以及能源自身传输方式的革新，也带来地理的变化。能源与地缘的结合，带来世界地理的分化。而物联网的发展及其在能源领域的应用，创造了虚拟的数据和能源流通空间。"一带一路"这一跨越洲际的地理联系，也蕴含着能量迁徙和能源流通的重要意义。能让人浅显易懂的一点是，中国汉唐时再孔武有力、富甲一方的人，所抵达的距离也比不上今天的普通人。在他们的眼里，同样的距离，产生的意义是不一样的，空间感知是不一样的。认识世界的不同导致改造世界的差异。

时间和空间是认识事物最重要的维度。能源通过改变人类的时空观，进而改变了世界，而技术发展和能源形态的进化，不过是它所使用的手段而已。随着能源的发展，这种改变还在继续当中，而且会越来越深刻。

伸缩的地球

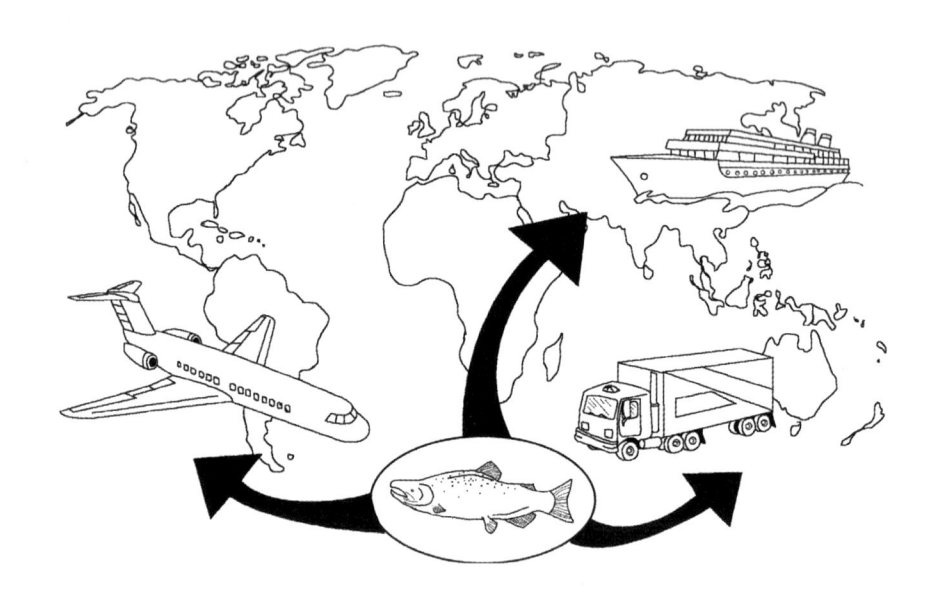

在物理世界里，地球的大小是恒定的，两点之间的距离也是固定的，而从能源的角度来看，能源一直在改变着人们的距离观。能源发展带来交通运输能力的增长以及能源传输效率的提升，改变了人们的速度，也间接地改变了距离。全球化的发展，得益于能源提供的动力，而能源领域的变化，也影响着全球化的发展进程。随着能源与物联网的结合，在物理世界之外，又构建了一个虚拟世界，改造着人们对距离的感知。

能源发展带来距离的改变

能源替换看起来很简单，但要改变人类对能源产品的使用习惯却非常缓慢。人类经过了漫长的以木柴为燃料的时期，到了16世纪，欧洲的城市发展和人口增长遇到了能源的瓶颈：城市越来越庞大，附近的林木被砍伐殆尽；再加上运费增加，木柴变得非常昂贵。于是穷人们转而开始使用煤炭，而富人们依然抵制煤炭。在英国伊丽莎白时代（1558—1603年），贵族们也强烈反对使用煤，拥有良好教养的淑女会拒绝进入有煤炉的屋子，拒绝吃用煤烧煮熟的食物。到伊丽莎白女王死后，煤炭才渐渐被贵族们接受。

到了18世纪初，英格兰和威尔士的煤炭产量达到了每年300万吨，人均年消费量达到了半吨。100年后，煤炭的产量翻了3倍。煤炭产量和消费量的增加得益于两种技术革新：一种是穿透深层煤矿地下水和防止矿井被水淹没的技术，另一种是交通技术。相对来说，木柴很分散，可以用小拖车或者船只来运输，但是煤炭往往都集中在矿井里，大规模运输需要更高效的方式。为了运输煤，英国在各地开凿了很多运河。英国铁路的建设与煤炭的运输也分不开。最初的铁路都是为了把煤炭运到港口而修建的，一开始由马拉火车头，后来使用蒸汽机车。因而有历史学家认为，铁路完全是为了运煤炭而发明出来的。

从使用煤炭到使用石油的转变，美国最具代表性。煤炭一开始的用途是代替家庭用的木柴，随后才转变成蒸汽动力，被广泛用于采矿、运输和制造业。而石油一开始是作为鲸油的替代品的，以煤油的形式用于照明。从能量密度上来说，石油比煤要大很多。不过，石油是液体，相比之下，煤炭更容易运输。

20世纪初，美国在得克萨斯州和加利福尼亚州发现了大油田。于是，美国西部和西南部的铁路立刻转向以石油为燃料，因为当地的石油比远距离运来的煤更便宜。从1900年到1920年，美国总体的能量消耗增加了一倍，为石油提供了广阔的空间，再也不用和煤炭工业争抢市场。蒸汽船是石油的一个主要市场对象，美国海军早在第一次世界大战前就以石油为燃料，证明了石油燃料的可行性，更为私人船主做了榜样。运输石油的油罐车和提纯石油的炼油厂也都以石油为动力。值得一提的是，当时美国海军所展示的石油优势，让时任英国海军大臣的丘吉尔心动不已，最终他下决心将石油作为未来皇家海军军舰的主要燃料。

汽车的发明可以说是石油作为新一代燃料的最重要推动力。19世纪80年代，畜力的运用达到了顶峰，因为当时不管是地方交通还是农业区的拖车，都要靠骡马来拉。美国人福特通过制造汽车，大大降低了畜力的使用。一开始，汽车只有富人才开得起，后来慢慢完全代替了马车。这一转变过程在20世纪20年代完成，汽车甚至成了远距离交通工具（如火车）的有力竞争对手。在汽车风靡一时的背后，汽油也找到了广阔的用武之地。而飞机的发明和普及，同样以石油为燃料，更是使到达同样距离的速度有了成倍的增长。

在石油取代煤炭的背后，其根本原因在于工业化已经发展到一定程度，人类社会即将由生产型社会转型为消费型社会，而石油恰恰是消费型经济的"车轮"。在由消费主导的社会形态中，以高端服务业为代表的第三产业得到了巨大的发展空间,"车轮上的经济"急切地推动着能源转型。即便石油相比煤炭更加难以开采,分布更加有限,但由于触碰到社会发展变迁的关键点,所以石油取代煤炭的步伐如同历史之轮一样难以停歇。廉价石油与消费主义文化也因此成为20世纪全球经济发展的重要动力。

能源对全球化的影响

曾经,中国的郑和下西洋远达非洲和中东,但那时距离遥远,要几年才能完成一个来回;那时,相对于人们的能力来说,世界的物理距离是大的,让人遥不可及,而人们拥有的世界是小的,只能触及身边的事物。后来,技术和生产力的发展使人们能够远洋航行,不断拓展自己的疆域,并且依靠能源的供给,将不同地方的物品进行航运和交易。这时,地球似乎变得更小了,原来需要很长时间才能达到的地方,现在只要一两天就可以抵达。但人们接触的世界更大了,可以享用来自世界各地的东西,现代人因此获得一种"万物皆备于我"的拥有感。

在全世界尤其是欧美发达国家,三文鱼的消费量不断增长。人们都希望享用富含不饱和脂肪酸的食品,希望在低碳食谱中摄取健康的蛋白质。从捕获一条三文鱼到这条鱼被放在盘中供人享用,这一过程中要消耗很多能源。捕鱼船只、集装箱货轮及零售运输卡车都要用燃料;为了在超市出售,需要对其进行冷冻和其他加工处理。为了享用三文鱼投入的能源太多,而这与我们享用三文鱼所获得的能量相比,实在不成比例。因此,实际上这使得有关三文鱼的能源交易极不划算，在经济学中，这种情形被称为回报率递减。

在经济全球背景下，人们以美元而不是英里来考虑距离问题。如果能源价格便宜，人们就不太在意工厂距离其销售大厅有多远、农场离超级市场有多远等问题。决定是否开展以及在哪里开展业务，是劳动力和税收等成本因素。人们的餐桌上之所以有大量的三文鱼，关键原因在于全球交通的发展，以及能源提供的成本补贴。因此，这种美味的地方海鲜，注定会像滚珠轴承或微处理器一样，成为被运往全球各地售卖的商品。

能源在生活中起到的决定作用实在是太大了。我们不仅只有汽车在消耗能源，制造汽车的过程中还要消耗能源，汽车所用的塑料、油漆及内部装饰都是由石化产品制成的，而这些石化产品都要从石油中提炼。我们居室的动力来源十之八九靠电能，而电能至少有一部分来自碳氢化合物；我们穿的衣服是在遥远的地方生产后运到这里的。但很少有人停下来思考这样的问题：我们生活的各个方面几乎都涉及能源消耗，几乎我们所做的每件事都必然与能源消耗息息相关。

当今世界，全球经济是以石油为基础的，或者说，全球化的重要引擎就是石油。由此可见，能源状况特别是石油状况与全球化相关，与人们所生活的世界的大小相关。全球化有很多叫法，实质不过是将工厂转移到全球劳动力市场最便宜的地方，把各种产品销往全球各个角落。在这样的经济模式下，一切都取决于石油的持续供应。

在世界各大港口放眼望去，甲板上堆满了体积庞大的远洋货轮。集装箱货轮是全球贸易的"驮马"，在这些箱子里，装着全球化的果实：在地球的一边生产又在地球的另一边销售的所有货物。向集装箱发展的远洋运输大趋势，使如今的全球贸易体系受到能源更大程度的影响。因为集装箱货轮比散装货轮的卸货速度快多了，所以它们在海上遨游的时间比停泊在港口的时间也多了。更快的速度需要消耗更多的能源，也使运输成本对燃油价格更加敏感。这意味着，燃油成本在运输总成本中的占比已逐步上升。

距离是有成本的，因为消弭距离所需的所有能源都是有成本的。如果能源价格高企，不论使用卡路里、英里、焦耳，还是石油桶数来计算商品所消耗的能源，其结果必然是，人们的消费品价格会逐步走高。那么人们餐桌上的三文鱼会越来越少，其他方面也是这样。假如石油价格不断飙升，人们的生活安排和交通方式会相应发生变化。换言之，我们的全部生活方式都取决于加油站的汽油价格。

从能源的角度，我们窥探到关于全球化发展的一些隐秘之处。贸易自由化和技术变革使世界变平了，但是，一旦能源供应不稳定而导致价格飙涨，将使世界重新变圆。这个更小、更圆的世界，与其说是与即将到来的世界相似，不如说是更像我们昔日的世界。

能源物联网的虚拟空间

我们的世界有三重：物质世界（能源）、信息世界（数据）与精神世界（意识）。麦克卢汉曾说："任何技术都倾向于创造一个新的人类环境。"每一次重大的技术革新都重构了社会形态。如果说移动互联网的发展，深刻地改变了人类社会的交往方式，那么物联网技术将会重构人与物、物与物的关系。

物联网技术将人与万物置于全方位信息交互的网络之中，这将给物质世界带来结构性的时空重塑。反映在能源领域，也预示着能源产业的发展将进入一个新时代。在以技术为主要驱动力的时代，分散式能源、分散式储能以及分散式用能，将构建一个集智慧能源和数字能源为管理方式的智慧能源网络，用智能技术把产能、发电、储能、配电、用能和控制结合起来，实现智能感知、智能计算、智能处理、智能决策、智能控制，从而构建一个新的能源体系，即"能源物联网"，这种影响将是革命性和突破性的。

如果说第一代互联网技术实现的是计算机之间的互联并成功搭建了虚拟的网上世界，第二代互联网技术是通过移动互联网实现了人与人之间的互联，那么未来的互联网技术要实现的是所有物品的互联，彻底打通虚拟世界与现实世界之间的壁垒。

能源物联网本身是技术手段，能否在得到广泛应用，取决于其能否创造商业价值。简单来说，能源物联网服务对象主要包括政府、企业、消费者三类，并围绕这三类不同群体衍生出多样化应用。面向政府的物联网应用涵盖公共资源管理、智能交通、平安城市、智慧政务等。例如，瑞典政府在车上装了电子车牌，和交通大数据平台连通，实现实时智能交通管理和拥堵费收取。面向企业的物联网应用包括工业物联网、机器学习和人工智能等。例如，航空公司通过使用美国通用电气公司（GE）的远程诊断探测，节省维修费用，并且避免了计划外的发动机拆卸和停飞待用。面向消费者的物联网涉及车联网、可穿戴设备、智能家居和复杂娱乐等。例如，原有小区视频监控系统可扩展为物联网平台，结合家庭传感器、可穿戴设备、社区出入口管理系统，为现代化的社区管理提供基础设施解决方案。

能源物联网是未来能源的实现模式,也是分布式能源、可再生能源和智慧能源系统的集成解决方案。我们乐观地估计,它将创造更丰富的应用场景,构建能源信息物理系统,实现人与物、物与物的连通与互动,从而产生与物质世界不一样的虚拟空间,再一次改变人类对空间距离的认识。

当地的能源与移动的能源

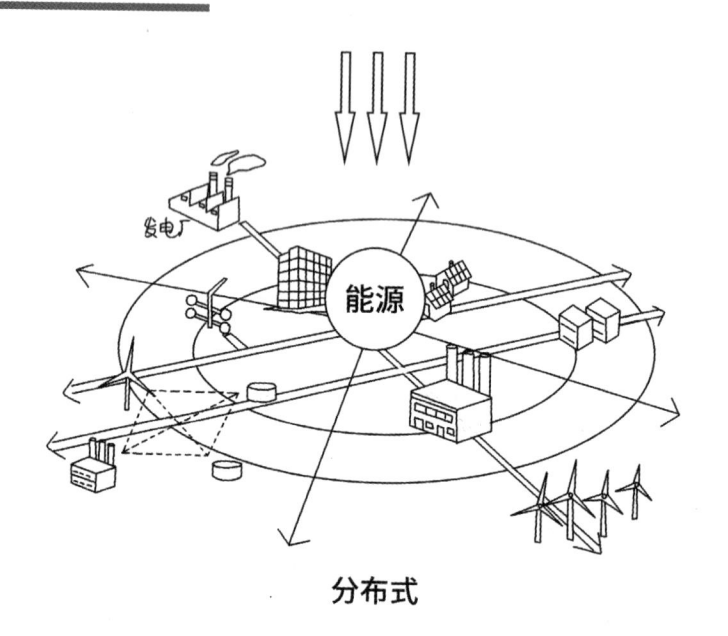

分布式

　　从地理区域来说，能源的生产地与消费地往往存在一定的距离。石油等化石能源可以实现从一个地方转运到另一个地方的地理移动，但当它们被生产者垄断或因为政治原因被阻隔时，就变成部分移动的能源。水、风、太阳能等自然能源只能在固定的地方生产和使用，但当它们被转化为电能进行网络传输时，就变成可以移动的能源。能源的可移动性越强，越能消弥能源生产与消费之间的分布不平衡。

受影响的流动性

从国际政治学的角度来说，地缘政治是国家等政治行为体通过对地理环境的控制和利用来实现以权力、利益、安全为核心的特定权利，并借助地理环境展开相互竞争与协调的过程及其形成的空间关系。由于生产与消费的地理不平衡，能源一直与地缘政治紧密联系，特别是在石油成为世界主要能源之后，形塑了当今世界地缘政治的基本格局，而不易被察觉的是，地缘政治也间接影响着能源的发展。随着新能源体系的变迁，能源地缘政治也处于重整和变化当中。

在能源地缘政治学中，"世界能源心脏地带"是一个非常重要的概念，包括世界能源供应心脏地带和世界能源消费心脏地带。其中，在世界能源地缘政治版图上，形成一个从北非马格里布地区到波斯湾、里海、俄罗斯西伯利亚和远东地区的大型区域。这个区域油气资源极其丰富，被称为世界能源供应心脏地带。世界能源需求主要来自"能源供应心脏地带"的外围区域，分为两个地带：一是"内需求月型地带"，包括东亚、东南亚、南亚和欧洲大陆；二是"外需求地带"，主要包括北美、撒哈拉以南非洲和南太平洋等地区。

全球能源贸易格局也带有明显的地缘政治特征。以石油为例，目前世界形成了全球石油跨区平衡和贸易格局。全球不同地区的供需平衡态势不尽相同，整体的失衡和油种结构性矛盾等因素，导致全球石油跨区贸易规模巨大。例如，亚太地区人口众多，而石油供给量很少，需要从中东及其他产油地区大量进口原油；美国增产了大量的轻质原油，但在出口轻质原油的同时，需要从外部进口重质原油来平衡。这些供需上的不均衡必然需要全球范围内的原油贸易来加以平衡。

过去的100多年，石油在能源领域是不可替代的特殊商品。极强的需求刚性而且没有替代品的特点，使得石油几乎没有价格敏感。没有价格敏感的商品，规模和垄断就自然成为竞争主体追求的发展目标。过去几十年，全球能源一直被少数国家的少数寡头企业所垄断。其他国家要么接受现实，依靠能源进口，要么努力成为寡头中的一员。

石油和天然气的部分可移动性，对于寡头垄断的生产者群体是有利的，消费国长期以来认为石油的稀缺使他们更加脆弱。这就是为什么自从1973年阿拉伯石油禁运以来，每个美国总统都认为对进口石油的依赖是其弱点，由此强力介入中东事务，用武力来保护其在中东的战略利益，其目的是确保稳定的石油供应。

当能源告别稀缺

由于能源格局新的改变，这种稀缺概念即将结束。美国的页岩气革命已使自己成为世界上最大的石油和天然气生产国，实现"能源独立"的美国，将进一步摆脱对中东地区石油的依赖。与此同时，中国正在试图从能源密集型经济转向服务型经济，在不遏制经济增长的情况下，中国在减缓煤炭和石油需求、部署天然气和可再生能源以及遏制二氧化碳排放量增长方面取得了长足进展。

而更长期的趋势是，2015年巴黎协议的签署，意味着全球需要建立一个低碳能源系统来应对气候变化。为实现这一目标，将有数万亿美元投资于风能和太阳能、电池和一系列更多实验性清洁能源。在新一轮能源变革之下，世界能源原先的供需平衡被打破，新的平衡正在形成过程中。在"供给西进"和"需求东移"的大背景下，新的地缘政治格局必将随之逐渐形成。

　　当今世界，全球能源供给正逐步呈现出扁平化、离散化的发展趋势。对新技术而言，"分布式"取代了"集中式"，"矩阵式"取代了"单点式"，从事能源开发利用的企业越来越轻量化。单个企业设立的目标，可能仅仅是满足附近区域的能源需求。大规模的集中开发、调配依然存在，但重要性将会逐步减弱。随着能源企业的轻量化、区域化，全球能源供给格局的多极化趋势将进一步发展，逐步呈现出扁平化、离散化的特点。由此带来在定价机制、国际能源协作等方面的变革，将十分显著。

地缘的消解

　　更广泛的能源转型的地缘政治影响将更加复杂。与碳氢化合物不同，可再生能源几乎可在任何地方使用，具有小型化、地方化、去中心化的特点，能帮助更多的落后地区不必付出太多代价就能获得能源。随着发电变得更加分散，地区会变得更加自给自足，这个过程被称为"能源民主化"。人们相信，能源转型的美妙之处在于让社区"超能"，而不是将能源转化为能源超级大国。

　　在传统能源体系中，主要制约因素是稀缺性，而丰富的可再生能源是多变的。然而，这种转变也可能引发地缘政治摩擦。最明显的例子是它将对依赖石油的经济体构成挑战。输家将是那些拥有充足的化石能源储量和那些长期投注石油而没有及时应变的经济体。

由此世界能源转型将发展成一场竞赛，看哪个国家能够自己生产最多能源，以及哪个国家拥有最先进的技术。美国处于领先地位，但在能源转型的过程中，受其国内政治影响，美国不同派别之间或许无法就经济和气候间的最佳前进道路达成一致。欧盟给自己制定了一个明确目标，到2050年，让所有能源去碳化。中国也坚定地投身于清洁能源，并将从减少对进口能源的依赖和致力于成为全球能源转型的排头兵中受益。

对全球大国而言，清洁能源技术是成为良性竞争还是地缘政治摩擦的源头，很大程度上取决于贸易动向。如果它陷入保护主义和贸易战，所有人都是输家。如果能加强全球能源合作，致力于本地化分布式能源发展（尽管新的能源转型也将带来摩擦），那么能源格局转变并不一定会导致地缘政治的新战场。

与此同时，在信息社会中，为一国发展提供动力并决定其在国际政治中所处地位的因素，将逐步从化石资源转变为智力资源——知识和掌握知识的人；从依附于土地，以资源为载体，转为以人脑为载体，以人为中心。知识和技术已成为主要资源。由此，地缘政治理论将丧失它曾在历史上的主导性地位，而让位于新的"智缘政治理论"。各国视智力资源为国家实力最重要的构成要素，致力于人才的培养和争夺，通过知识和科技的竞争来谋求其在国际关系领域的优势地位。我们还不能预测地缘政治的彻底丧失，但智缘政治作用的提升是不争的事实。

能量的跨国迁徙

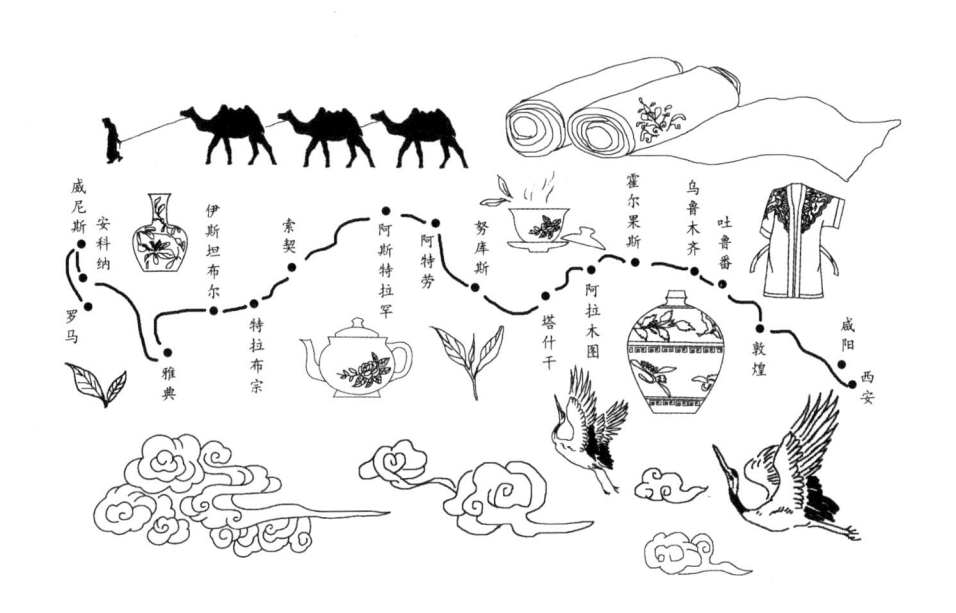

古代的中国人留下了"一带一路"的足迹，联通了亚洲和其他大洲，如今这一轨迹又被再次勾画出来，并赋予了崭新的意义。从能源的角度来说，"一带一路"是地理阻隔的联通，也是能量的迁徙。在商品贸易中，商品中包含的无差别劳动其实是无差别的能源消耗，而能源的迁移则是"一带一路"的重要内容。

"一带一路"之于古代中国

"一带一路"起始于古代中国,连接亚洲、非洲和欧洲的古代商业贸易路线,最初的作用是运输古代中国出产的丝绸、瓷器等商品,后来成为东方与西方之间在经济、政治、文化等诸多方面进行交流的主要道路。古代丝绸之路以丝绸为媒介,带动了东西方的贸易、人员往来,促进了沿线国家的经济发展和商业繁荣,推动了生产力的相互促进和文明的广泛传播。

丝绸之路分为陆上丝绸之路和海上丝绸之路,陆上丝绸之路起源于西汉(前202——公元8年)汉武帝派张骞出使西域开辟的以首都长安(今西安)为起点,经甘肃、新疆,到中亚、西亚,并连接地中海各国的陆上通道。"海上丝绸之路"是古代中国与外国交通贸易和文化交往的海上通道,该路主要以南海为中心,因此又称为南海丝绸之路。海上丝绸之路形成于秦汉时期,发展于三国至隋朝时期,繁荣于唐宋时期,延续于明清时期,是已知的最为古老的海上航线。

"一带一路"对于古代中国而言,不仅仅是通往外部世界的交通道路,其作用也不止于经济交往与文化交流,"一带一路"沿线地区之于古代中国的内外秩序之建立关系极大。如果从时间线索来看,古代中国的不同时段对"一带"与"一路"各有侧重。汉唐时期侧重西北的中亚地区,宋明时期侧重东南的海上秩序。

古代海上丝绸之路从中国东南沿海经过中南半岛和南海诸国,穿过印度洋,进入红海,抵达东非和欧洲,成为中国与外国贸易往来和文化交流的海上大通道，并推动了沿线各国的共同发展。中国输往世界各地的主要货物从丝绸到瓷器与茶叶，形成一股持续吹向全球的东方文明之风。中唐以后，中原王朝的发展重心转向东南，尤其是南宋时期中国完成经济重心南移，海上商路进入繁盛期，汉人的经济活动也日益转向开发长江流域、珠江流域并移民东南亚。宋元时期，中国造船技术和航海技术的大幅提升以及指南针的航海运用，全面提升了商船远航能力，私人海上贸易也得到发展。这一时期，中国同世界60多个国家有着直接的"海上丝路"商贸往来，引发了西方世界一窥东方文明的大航海时代的热潮。

明代郑和远航的成功标志着海上丝路发展到了极盛时期。明代面临的挑战主要是如何将海洋活动整合到国家秩序中去。朱元璋推行禁海政策，固然有应对倭寇侵扰的现实考虑，但更重要的是想由朝廷垄断获利丰厚的海外贸易，并以此借助海外各国对明朝的经济依赖，以交易权为手段，建立以明朝为中心的朝贡贸易圈，进而将经济权益扩大为政治权力，影响海外诸国。故而，明朝初期定下的海洋政策与明朝天下秩序的建构密切联系。郑和下西洋即是将"朝贡""互市"等制度直接在海外施行，设立朝贡贸易的网络，并以航海军事活动维系海上秩序。其结果是促使南海贸易区与印度洋贸易区实现整合，改变了业已存在的海洋贸易圈格局。

16世纪统治中国将近半个世纪之久的嘉靖皇帝，面对先人一手创立的朝贡贸易网络，僵化地固守明初有特殊时代内涵的海禁政策、坚持官方贸易，却又放弃对朝贡贸易网络的治理权；同时无视民间海外贸易发展的不可阻挡之势，最终造成了中国在海洋竞争时代的被动。这不仅为倭寇之患提供了土壤，而且在应对西方殖民者的东来上显得被动。西方殖民者鸠占鹊巢式地将朝贡贸易网络纳为己用，为其全球殖民体系服务。中国近现代的历史命运其实早在16世纪放弃维系海上秩序时就已经埋下了伏笔。

当今"一带一路"的能源支点

2015年3月28日，国家发改委、外交部、商务部联合发布了《推动共建丝绸之路经济带和21世纪海上丝绸之路的愿景与行动》，提出以能源、交通、电信基础设施互联互通作为"一带一路"建设的优先领域。"一带一路"贯穿了亚欧非大陆，沿线各国能源资源丰富多样，为传统油气资源及新能源的开发和利用带来了重要契机。

推进"一带一路"建设需要一个切入点和载体。从"一带一路"倡议发出后沿线各国的响应程度来看，这些国家大都赞同和接受"一带一路"倡议，同时也更加看重经济发展和项目落地。因此，只有建立具体的产业支撑，使当地经济得到实实在在的好处，才能充分调动各方参与合作的积极性；也只有为"一带一路"找到实体内涵，才能使前期投入建设的基础设施、工业园区拥有具体的承载和服务对象，才能发挥好既定功能，确保"一带一路"建设持续深入。

目前，能源资源等大宗商品可以充当这一载体，成为新时期"一带一路"建设的"新丝绸"。能源资源是世界上最大宗的贸易投资品种。沿线国家在这一领域的利益契合度最高，开展长期稳定合作的愿望和基础也最强。"一带一路"沿线国家是能源资源主要贸易国,能源资源是其优势要素、支柱产业和财政收入的重要来源。另外,由于能源资源产业链条长,对上下游产业的辐射带动作用明显,将对"一带一路"建设形成巨大的外溢效应,还可促进各国在宏观政策、贸易投资等方面的全方位合作。为此,应围绕能源资源着手启动一些必要的规划安排。

亚洲既有世界能源资源的主要供给国,也有主要消费国。当前,沿着"一带一路"的能源资源流动逐渐成为国际能源资源的主要流向,供给国和需求国之间的关系越来越密切,能源资源合作越发成为这些国家的共同需要。

近年来,全球能源资源等大宗商品市场的变化,给推进"一带一路"能源资源合作带来了新契机。国际原油价格估计未来一段时间会在中低位区间波动。天然气、铁矿石等其他大宗商品价格走势与原油基本相似。受此影响,大多数能源资源国家经济下行、财政恶化,国内政局也受到很大影响,迫切希望稳定能源资源产业,并以此为支撑调整经济结构。在价格高位时,国际大宗商品处于卖方市场,供应国缺少对外合作的积极性;现在市场向买方倾斜后,其谋求对外合作的意愿明显上升。经历了市场的剧烈波动,供需双方逐渐认识到合作的重要性,都希望有一个合理的、稳定的、可预期的价格走势,以及一种相互利益可平衡的供需关系。这些因素为推进"一带一路"能源资源合作提供了难得的时间窗口。

"一带一路"的能源前景

能源合作不仅能满足我国经济稳定发展的需求，而且有利于推进"一带一路"发展格局，促进互联互通输电线路、交通体系的发展，并带动沿线沿带的区域经济合作和金融合作。

能源合作涵盖了煤炭、石油、天然气等化石能源以及风能、水能、太阳能、核能、地热能等非化石能源，并在此基础上拓展其他资源类型，如各类金属、非金属资源以及水资源、林业资源等，形成大覆盖面的"能资"体系。随着产业化发展程度不断提高，"能资"体系在勘探开发环节之外逐渐形成了冶炼加工、营销以及基础设施建设、道路与管线运输、经济贸易等环节，形成了具有系统性和连带性的合作领域。因此，可以将能源资源作为未来"一带一路"建设的主要着力点，用心培育并使其发挥关键驱动力作用，带动沿线各国经济和社会发展，进而打造成为"一带一路"沿线国家政治、经济、外交关系的压舱石。

为此，首先应从战略全局看待能源资源问题，在政策规划、基础设施、制度安排、资金投入等方面，围绕能源资源开展合作，谋求共赢。例如，依托现有资源基础，开展能源资源产品的深加工。西亚的石油，中亚的天然气、铀，南亚的铁、铜，东南亚的天然橡胶等，都是当地特色产业。当前能源资源初级产品价格较低，未来产业势必向深加工转向。东亚和西欧一些国家已经完成或接近完成工业化，在石油化工、冶金等行业具有先进技术和商业化经验，可为"一带一路"沿线国家能源资源产业升级提供支持。

同时，扩大产业辐射面，发展能源相关产业。利用能源价格较低的时机，根据水资源、环境等条件，借鉴国际成熟经验，适度发展氧化铝、多晶硅、焦炭、炼钢等高载能产业。发挥本地区一些企业在成本控制方面的独特优势，通过合作在能源资源服务产业开辟新市场。

其次，积极发展新能源，优化能源结构。"一带一路"地区可再生能源资源潜力巨大，各国在发展新能源方面态度积极。当前，风电、光伏、核电技术发展趋于成熟，相较于传统能源具备一定竞争力。可帮助"一带一路"沿线国家抓住这一机会，打造低碳经济增长点，走出一条绿色发展的新路。重点提升能源基础设施互联互通水平，加强油气基础设施投资，扩大中国、俄罗斯、中亚、海湾地区国家间油气合作和管道建设，形成互联互通的油气管网。

再次，一方面通过能源资源合作带动沿线国家全方位合作。以能源资源商品贸易为基础，全面提升沿线国家间的经贸水平。通过挖掘传统初级产品的贸易潜力，扩大能源资源相关产品交易，拉动大宗商品贸易的回升。另一方面，通过各类能源资源合作的实施，促进贸易投资便利化，完善物流运输网络，培育区域统一大市场。还可以通过能源资源项目建设，带动国际产能合作。"一带一路"能源资源建设是一个新的需求增长点，能够为产能合作提供新市场，也是国际制造业合作的重点领域。抓住并开拓这个新市场，将为沿线国家产业结构调整升级争取时间，有利于拉动经济复苏、促进民众就业。

最后，依托能源资源合作加快区域经济一体化进程，促进国际治理体系的良性改进。通过能源资源产品交易，进一步扩大本币结算和货币互换规模。国际大宗商品结算货币多元化，有利于减少汇率变动风险。"一带一路"能源资源合作将为本币结算和货币互换创造大量需求,从而带动沿线地区的金融合作进一步提速。通过商签能源资源有关协议,促进区域经贸制度性安排发展完善。能源资源贸易投资合作,涉及大量法律、规则、标准等规制性内容。积累这方面的成功实践,有利于加快区域经济一体化进程,促进双边自贸谈判、区域全面经济伙伴关系(RCEP)谈判,提升发展中国家在国际经贸体系规则制定中的影响力。

当能源遇上金融

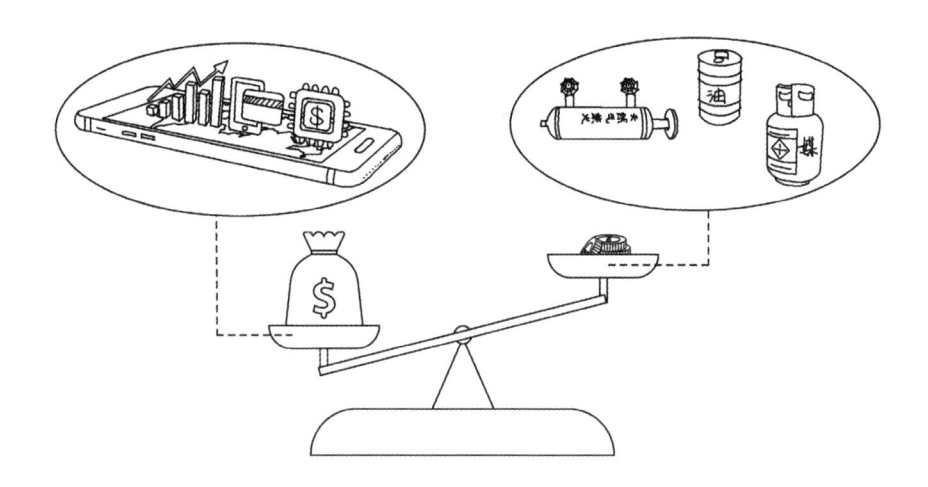

能源与金融是现代市场经济最重要的两大领域，能源是经济发展的动力，金融是经济发展的核心。当今是能源时代，大宗商品价格大幅度走高和波动、低碳经济、全球变暖等这些热门话题都与能源息息相关。当今更是金融时代，金融产业的触角伸向全球各个角落。在以虚拟经济为主导的经济全球化进程中，能源资源与金融资源之间的联系正变得愈加紧密，尤其是各国能源金融市场不断地围绕能源价格追逐博弈。而能源与金融的结合，也在能源领域塑造了新的时空。

能源金融化的起源与发展

作为市场经济的大动脉，金融目前已经全面渗透到经济生活的各个领域，对经济和社会的发展起着至关重要的作用。随着金融市场的发展创新，能源与金融正在逐步由合作走向相互融合，关系日益密切，相互影响加深。金融与实体经济的结合，从某种意义上说，就是通过金融市场的自由买卖发现未来价格趋势，反过来影响实体经济的布局和扩张。在一些能源主产区，能源产业为金融产业提供了广阔的创新和获利空间，金融产业对能源产业的支持力度也不断加大，金融市场面向能源产业的产品创新不断增多，能源金融应运而生。能源金融一体化是正在兴起的国际金融发展趋势。

实际上，能源金融并非新现象。能源产业属于资本密集型产业，从诞生之日起就与金融结下不解之缘。自从世界进入工业时代，能源的开采与使用就成为人类经济生活的主题，为能源工业融资也成为金融部门的主要业务之一。能源金融市场的最早形成可以追溯到1886年在威尔士的卡迪夫出现的世界上最早的能源交易所——煤炭交易所，它运用金融交易模式对煤炭交易商的交易进行风险管理与市场运作。随后近一个世纪以来，金融市场的期货、期权等工具不断地应用在农产品和贵金属等商品上，直到20世纪70年代初的石油危机爆发，石油等能源产品价格剧烈波动，引起国际社会的普遍关注，直接导致了石油等能源期货的产生。

由于国际石油价格的变动更为频繁和剧烈，市场参与者产生了规避价格风险的强烈需求，对石油期货等金融工具的需求与日俱增。1980年11月伦敦国际石油交易所以及1983年3月30日纽约商品交易所引入原油期货交易,从期货市场的第一张合约开始,石油从实体经济(包括实体价值)演变成虚拟的金融产品。

而后,石油期货市场得到了迅速发展,远期、期权、掉期等其他衍生品,也开始推出和流行。同时,石油市场的参与者,也不再限于石油开采、冶炼、贸易等相关企业。对冲基金、私募基金、养老基金、投资银行、商业银行、保险公司等许多金融机构,也开始涉足石油领域,并且发挥着极为重要的作用。石油期货市场的蓬勃发展,顺应了在全球轰轰烈烈上演的石油期货热,也体现了期货市场巨额资金对石油的追捧。随着各种金融机构的加入和参与,以及石油金融衍生品的开发和交易,国际石油市场的"金融属性"已经越来越明显,大量的石油交易通过金融市场得以完成,石油金融衍生产品已成为石油市场不可或缺的一部分。

当然,能源金融也不仅仅局限于石油、煤炭等传统能源领域,随着世界经济持续发展,能源金融市场的产品类别逐步扩大,从传统型能源产品为基本标的迅速向低碳金融、可再生能源的相关领域扩展,能源金融衍生品市场得到快速发展。随着能源的金融属性不断发展、深化,使能源市场逐步与货币市场、外汇市场、期货市场、衍生品市场等联动成为复合的金融市场体系。当前,能源金融一体化逐渐成为全球经济的普遍现象,能源发展的资金需求也带来了能源金融的发展良机。能源市场与金融市场的相互融合,使得"能源—金融"生态成为深刻影响能源市场走向的关键变量。

能源金融的虚拟化特征

从理论上看,"能源金融"是能源和金融两大产业组成的新系统,但对其内涵目前尚未形成统一的认识。事实上,能源金融的出发点在于"能源",借助于金融系统,最终服务于能源产业发展。从这种层面出发,可以认为能源金融是金融体系与能源体系相互耦合的系统,其本质是金融系统,但最终的归宿是能源系统。

在这个过程中,一方面,从世界范围来看,能源产业融资还存在巨大的资金缺口,金融支持能源可以保障和促进能源产业的发展;另一方面,随着能源和金融的相互渗透和融合,能源市场实质上已成为金融市场的一部分。

实体经济金融化、虚拟化是现代市场经济的一大趋势,它在某种程度上改变了经济学的基本逻辑。从石油、煤炭等传统能源、新能源和可再生能源的融资到碳交易市场的构建,能源金融也在与时俱进。这带来的一个趋势是,现代能源业不仅金融化,而且虚拟化了。近70年来,人类能源产业之所以能够取得长足进步,能够不断地获得创新,最重要的原因之一就是能源与金融的结合。

现代能源业实际有两个市场——表面上看,一个市场在交易现货,另一个市场在交易期货,而看本质,却能发现两大若即若离的系统不仅仅是现货和期货的关系。直接为实体经济服务的现货市场在实现着能源业所创造的价值,另一个似乎虚拟的期货市场却在为能源产业挖掘着未来的价值。

因此,能源产业与金融产业的结合有两个切入点:一个切入点是与实体金融的结合,就是能源产权主体、效率市场和传统金融市场通过有机联络,利用金融市场的融资、监督、价格、退出机制，培育、发展和壮大能源产业。与实体金融相结合是显性化的结合。另一个切入点是虚拟的，就是能源市场主体在能源商品期货、期权市场、国际货币市场以及与能源相关的资本市场上进行能源实物、期货、期权、债券、汇率、利率、股票以及相关衍生品等金融资产的套期保值、组合投资或投机交易。从全球能源产业的发展轨迹看，起初都强调与实体金融相结合，然后逐步向虚拟经济发展。目前，在国际主流能源市场上，由虚拟金融市场所推动的虚拟能源交易量远远超过实体金融与实体能源的交易量（结算量）。

在全球流动性宽松背景下，发达经济体出现能源过度金融化的趋势。经济全球化下的竞争已经是实物市场与虚拟市场联动的全方位竞争，借助金融的支持，可以使得能源企业实现产业资本和金融资本的融通，更好地帮助能源企业在国际市场上实现套期保值、价格锁定和规避经营风险。随着国际金融市场的迅猛发展，尤其是期货市场诞生后，能源逐渐脱离商品属性，进一步突显金融属性。能源的金融属性体现在能源现货市场与金融衍生品市场的相互作用、相互影响的演进过程中。鉴于当前能源日益突显的"准金融属性"，能源金融正从能源资源中裂变出来，成立独立的经济问题甚至战略问题。

能源金融化是"双刃剑"。一国能源金融化的适度发展有利于拓宽能源产业融资渠道，完善能源价格发现机制，满足不同类型市场参与者的产品需求。能源期权、期货等衍生品的发展也可以作为套期保值的工具，用来规避能源价格波动带来的市场风险。

但是，随着能源金融产品的交易量和持仓量持续增加，能源现货与衍生品价差波幅增大，弱化了能源衍生品套期保值的功能，影响到能源市场的价格稳定。未来发达国家与新兴市场国家对能源金融定价权的争夺将更加激烈，全球能源金融市场新秩序亟待形成。

中国能源金融的发展

与西方发达国家相比，中国能源金融化程度明显不足，在国际能源金融市场中缺乏定价和规则制定权，在国际能源博弈中处于不利地位。随着能源与金融的结合日益紧密，发展能源金融市场是中国如何充分有效地利用金融制度和工具促进能源产业可持续发展的紧迫问题。从能源金融的宏观层面来看，借鉴国外能源金融风险规避的成功经验，结合中国具体国情，厘清中国能源产业与金融产业联系的方方面面，优化能源金融社会信用环境、进行能源金融立法及制定相关的金融支持政策等，将成为能源金融深化和发展的重要方向。

中国能源金融深化和发展的路径选择是一个渐进的、长期的动态过程，需要从保证国家能源安全和金融稳定的战略高度出发，并结合当前存在的各种问题以及未来能源金融发展趋势来思考。从国家的战略高度，制定一系列适合中国国情的能源金融市场发展规划，以前瞻性的战略思维，构筑能源产业与能源金融协调发展的新框架和新格局，并以能源金融为抓手，促进中国在全球进行能源战略布局。

Ⅲ
PART THREE
第三部分

能源转型

揭开能源进步的面纱

在能源世界里,有着未来憧憬的人们,越来越多把目光转向了能源转型。能源转型究竟将把我们带向哪里?未来的能源形式会是什么样?就像冒险家来到无人涉足的深渊洞穴,期望获得丰饶的宝藏。

从历史经验来看,能源利用方式的转化升级,是历次工业革命中最核心的部分,也往往是引爆整个能源革命的导火索。原因在于两个方面:第一,能源是社会生产的基础,整个社会的运转都建立在能源消耗之上,所以新型能源的进入将带来生产力水平提升;第二,能源形态对产业形态有着巨大的塑造作用,不同的能源塑造着不同的社会样貌,使用什么样的能源决定了人们过什么样的生活。

在不能清晰地勾勒出未来能源形态的时候,我们可以换一个问题,推动能源升级,也就是旧能源没落和新能源崛起的根本动力是什么？很明显的答案是传统能源即将枯竭，我们需要寻找一种替代品；传统能源不够环保，我们需要更清洁的能源。这种耳熟能详的答案，我们认为它们就是真理，但事实上，这两个答案都没有紧急到这种地步。随着技术的发展，地球上可开采的油气资源实际上是在增加的。而环境问题，事实上对于环境的破坏从第一次工业革命就开始了。

我们无法否认，人们使用能源本质上是为了生产生活，那么从本质上说，能源进步的动力自然应该是"为了更好地生产和生活"。人类社会作为一个生物系统，生存是其唯一主题，满足其生存的需要是最大动力。"生存的需要"并不是指求生欲，而是指从物种的总体上看，随着其族群的扩大，对生存资源不断充实与积累的需求。

我们必须坦率地承认，能源的进步不是因为环保理念、美好憧憬、天才创造、匮乏危机这些基于人的道德、品位、智慧与前瞻性等美好品质的理由，而是源自从蒙昧时代继承来的对物质的本能需求。我们应该为此感到幸运，因为只有这样的动力才是真正可靠与持续的。我们不妨把这种体现于经济生产能力的能源属性称为"能源的效率"，而它就是推动能源变革，进而促进文明发展的根本动力。

这种效率并非表面上的能源转换率，而是包括从开采到运输，从储存到使用全部环节上的生产力提升和更好的便利性。主要可以概括为获取效率和工作效率两个方面，前者是指人们从自然界开采或在工厂中生产出这种能源的效率，后者则是指使用这种能源，由其带动机械、电器或是电子设备运转并满足人们生产生活需求的效率。

在获取效率与工作效率中，后者是决定性的，只要一种新能源在工作效率上存在优势或巨大的进步空间，哪怕只是理论上的，我们都可以说这种新能源是极具前景的。此时人们要做的，是把理论上的前景变为现实，同时尽量去提高这种能源的获取效率。当新型能源的经济优势将逐步显露，资本会敏捷地注入这种能源的开发之中，助力新能源的完善和推广。与此同时，旧能源将会因同样的原因而失去资本的支持，等待它们的只有"退休"并走入书本和博物馆的命运，当然，在那里它们将成为传奇，为人们所敬仰和怀念。

当我们想到人类社会的日新月异，就知道这种能源效率有多么重要。如果只允许今天的人类燃烧木头，那将会有大量的人因资源匮乏而死去，剩下的人也会失去原本优渥的生活条件。同样的道理，只要我们承认人类的文明在不断进步，石油、煤和天然气也终有一天将养活不了我们。即便是号称"终极能源"的可控核聚变，也会有不够用的那一天。我们需要做的是在旧能源"筋疲力尽"之前，让一种全新的能源形式冲破旧文明的局限，为人类走向下一步铺就道路。

在著者看来，这就是能源转型的本质。

点燃火种：突破能源发展的临界点

人类对能源的利用是从钻木取火开始的。火为原始人提供了温暖、光明、熟食，并成为防御和围猎动物的工具，对人从动物群中分化出来起了重要作用。钻木取火是人类在能源方面最早的一次技术革命，木炭的热量也使人类进入"铜器时代"和"铁器时代"，极大提高了生产力水平。蒸汽机、内燃机的发明使用直接导致了新的能源革命，使人类文明发生了飞速进步，也加深了对化石能源的依赖。

而今人们又在探索更新的能源。

回顾人类的发展历史，每一次高效的新能源的利用，都会使社会带来一次新的飞跃。透过薪柴时代到煤炭时代、油气时代等变迁的表面，我们也似乎发现，"点燃火种"那一刻，才是造就能源使用进化的"决定性瞬间"。

太阳是人类"火种"的始源

钻木取火，从能源的角度说，是将人的机械能转化为热能，进而引燃燃点低的薪柴，从而产生火。从物理性上来说，薪柴是一种生物质能，是太阳能以化学能形式储存在生物中的一种能量形式，它直接或间接来源于植物的光合作用，薪柴燃烧是生物质能利用的最初也最普通的一种形式，人类的薪柴时代也因为火的利用而得以开启。

人类所使用的所有能源的背后，有一个共同的热源，那就是太阳。自宇宙洪荒开始，太阳就一直照耀着地球，持续了数十亿年。神奇的宇宙，安排了一个巨大的发光发热体在我们所居住的地球附近，刚刚好的距离，使得地球上的生灵在和煦的阳光下生生不息。太阳之于人类的意义，不论从哪个角度来看，都是无与伦比的。太阳光是最丰富的能源，是我们星球表面最为重要的生命燃料。生命在温暖的气候中得以繁衍，地球上所有的生物都靠太阳才能生存，它是每个自然体系的能量来源。离开了太阳，人类将失去生存所必备的最重要的条件。

从人类生存的需要来说，在太阳发出的光之中能够传递到地球上并为人类直接或间接利用的那部分能量，只有太阳辐射能量的约十亿分之一，就已经足以支撑地球和人类。歌德在《浮士德》中说"万物昙花一现，却总有痕迹留下"，这痕迹就是由吸收过太阳能量的动植物变成的能源（石油、煤炭、天然气等），这些人类赖以生存的能源的形态，就其本质来说，都是由吸收太阳光之后转化而来的。由于太阳赋予的热量，世界才得以存在，生命才能诞生和进化。

能源发展史和人类历史进程息息相关，从最初的柴火，到煤炭、石油、天然气、电，再到新能源如风能、水力发电、核能、地热能、可燃冰等，每一种新能源的发现都在一定程度上促进人类历史向前发展。人类受惠于直接的太阳光以及由太阳光转化而来的其他形态的能源，由此而创造出巨大的价值，极大地促进了人类社会的发展。

"点燃火种"的决定性瞬间

在中国古代传说里，火是燧人氏最先发现的。准确地说，火的使用是劳动人民发现和掌握的。古人最早从自然火中学会了保留火种，但因为各种原因，火种总有熄灭的时候。在长期劳动过程中，远古人类发现了摩擦生火的现象，经过不断摸索和尝试，掌握了人工取火的方法。

时至今日，尽管人类早已从使用初级能源进化到了更高级更多样的能源使用形态，但钻木取火这一场景依然具有特别的象征意义。试着在脑海里浮现这些画面：孩子们用凸透镜吸收太阳光点燃纸片，野外的行人用火柴点燃篝火，男人们用打火机点燃烟支，主妇们旋转按钮点燃家中的煤气灶和热水器，乃至点燃火花塞发动汽车和机器，一声"点火"命令之后火箭和飞船訇然上天……在这林林总总的情形中，尽管能源的品种和点火的用具已经发生了翻天覆地的变化，但无论如何变化，都依然能从中截取出"点燃火种"这一关键场景，虽然其外在形态迥然各异，但是内在的原理并无二致。

薪柴时代，用击石和钻木的方式点燃火种，燧木、石头是点火的工具和触发器；化石能源登上历史舞台，人们进入了蒸汽时代，用煤炭和石油驱动机器和交通工具，蒸汽机、内燃机成为"点火"的工具；随后进入电力时代后，人们学会生产电和输送电，以及用电驱动各种设备和电器，从火电到水电、风电到核电、光伏发电，等等，各种发电方式成为"点火"的工具。每一种新的"点火"方式的出现，都推动人类能源生产和使用进入一个新的时代。

每一次能源的转换都对文明形态带来了深远影响，甚至塑造了我们的生活模式。蒸汽机的发明和使用，催生了第一次工业革命，也将人类带入了化石能源时代。内燃机这种新动力的出现及广泛应用，引发了第二次工业革命，为汽车、轮船和飞机工业的发展提供了条件。19世纪末期，掀开了电力大规模应用的序幕，工业生产由"蒸汽时代"进入"电气时代"。

电能的发现运用过程，可以为"点燃火种"这一场景留下一个有趣的注脚。在电力的使用中，发电机和电动机是相互关联的两个重要组成部分，发电机是将机械能转化为电能；电动机则相反，是将电能转化为机械能。格拉姆在前人基础上制造了更为先进的发电机，并因为一次搭错线的"失误"而偶然发现了电能和机械能可以相互转换的奥秘，开启了电的神秘之门。发电机与电动机的组合，使电的使用摆脱了伏打电池的束缚，得以在生产生活中人规模应用，电能成为补充和取代蒸汽动力的新能源。正是有了这个基础，大规模的水电、核电、气电以及各种新能源发电才成为可能。

突破能源发展的临界点

经过成千上万年的发展，人们对能源的认识已经今非昔比。今天，能源已经是围绕在我们身边须臾不可缺少的事物，在这个"大家族"中，有着众多的称谓和名词，有很多我们耳熟能详的物品，也有不少我们知之不多的概念。

从能量形态上说，有动能、势能、机械能、光能、热能、电能、化学能、核能、生物质能等，它们是能量存在的本质属性，是直接作用于物体和做功的力量。这些能量储存在不同的物质载体中，如薪柴、煤炭、石油、天然气、铀、风、太阳光、水、潮汐波浪、海洋盐差（盐度差能）与温差、可燃冰等物质当中，这些物质中蕴含的能量最终都来自太阳能。这些能量要被人类所使用，需要通过一定的用能设备才能实现，如灶台、灯盏、锅炉、汽车、战舰、火箭、计算机、各种电器……生产、转化和储运能源需要依靠各种基础设施，如煤矿、油气生产设备和管道、电网、水电站、火电机组、核反应堆、风机、太阳能板、光纤光缆、电池、储能设备等。把能量储存体中潜在的能量释放出来供给用能设备的，则是不同的激活介质，包括石头、燧木、蒸汽机、内燃机、火花塞、发动机、电路板……这些激活介质是将潜在能量转化为现实能源的契机和因素，它们激活了能源，点燃了"火种"。而每当一种新的"点火"方式出现时，就会突破能源发展的临界点，带来能源使用方式的巨大变革。

科学发展使人们已经认识了种类繁多的能量形式和能源品种，不仅能量形式可以互相转化，不同的能源品种也可以转化。一些能源人们已经能够熟练地使用，也有很多能源还无法有效地驾驭。人类甚至已经进入了"人造能源"的时代，可以对所有已经发现和发明能源进行再造。

能源利用方式决定了我们的产业形态和社会形态。在煤炭驱动蒸汽机的时代，欧洲和北美的江河中充斥着运煤船，石油和内燃机的使用让油轮遍布大洋。电力工业带来的是复杂的输变电网络，石油天然气巨头们则醉心于延伸油气管道，加油站和汽车制造业创造了大量的就业岗位，连接每家每户的电线则把技术人员和工人送入生产家用电器的工厂。人们期待未来的能源更加清洁化，清洁能源本身不仅仅被使用，更重要的是通过清洁能源的使用，促使人类社会自身及其发展方式的变化。只有这些发生了真正的变化，清洁能源才真正有可能成为未来能源结构中的主体。

在新的能源科技革命中，将会有某种伟大的新能源科技登台亮相，并迅速成为推动文明前进的中流砥柱。我们乐观地期待，人类一旦点燃新的火种，再一次突破能源发展的临界点，将催生新的能源格局和版图。这种新的火种来自哪里，新的点火方式以何种面目出现，还不得而知。我们看到，人类社会发展至今，能源储存体是相对确定的，用能设备和用能方式在不断进化，而激活介质则处于最活跃的前沿，它是点燃火种的"关键一招"和"临门一脚"，它是能源供给端和用能需求端共同作用的结果。

能源的发展并非是纯线性的，也不是完全取决于技术的，虽然技术至关重要。在一个日趋复杂化的社会中，技术的突飞猛进推动着社会朝着熵增的方向快速发展，克服技术的负面作用，从负熵中挖掘能源发展的潜力，这样即便在能源形态稳定不变的情况下，用能体系和用能方式的革新，也有望能够开创能源发展的新版图。

歌德曾将历史比做"上帝的神秘作坊"，在历史进程中，偶然与必然总是互相交织的。燧木和石头存在了亿万年，直到有一天人类掌握了击石取火和钻木取火的方法，此前则是无数次的试验、探索和试错。物理学家格拉姆费尽心机想找出发动机转动的方法，却直到一次"搭错线"才豁然开朗。偶然的发现、不经意的契机甚至天才式的灵光一闪，都是历史发展中不可忽视的重大"台阶"，它们是砸在牛顿头上的那颗苹果，也有一天会砸在其他人的头上。

毕竟，如鲁迅先生所说："石在，火种是不会绝的。"

穿越"能源三峡"

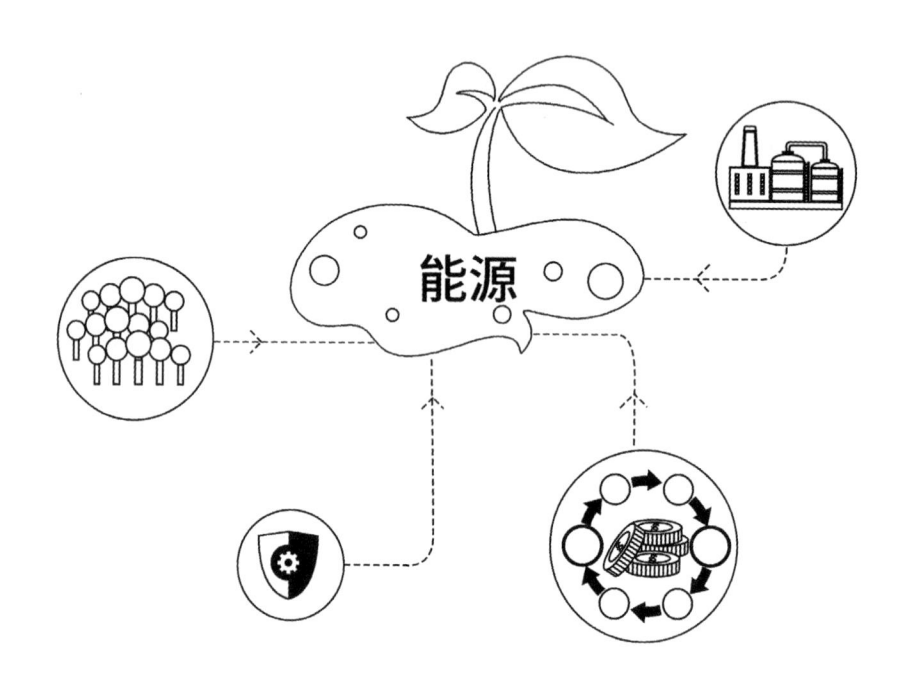

华裔历史学家唐德刚先生在考察社会政治制度变化时，曾经提出一个著名的"历史三峡论"。他把人类历史发展比作水过三峡，在历史潮流中，前后两个社会政治形态的转换必定有个转型期，转型不是顺流直下的，而是一个非常长期的曲折的复杂的历史过程，都会经历一个"定型-转型-定型"的过程，故称之为"三峡"。

如果沿用这一视角来考察人类能源变迁的过程，我们会发现，从人类已有的几次能源转型过程来看，同样有一个"定型-转型-定型"的规律，借用唐德刚先生的提法，我们称之为"能源三峡"。虽然这个过程蜿蜒曲折、惊涛骇浪如三峡之水，但其势不可挡，终将滔滔前行，东流入海。

能源转型的迫切呼唤

人类至今已经历了从植物能源（薪柴）向化石能源的转型，目前正在经历从化石能源向可再生能源的转型，而化石能源之间又有多次亚转型，即从煤炭到石油、从石油到天然气。而天然气能成为化石能源向可再生能源转型的重要桥梁，在于它具有兼具集中性和分散性的优势。

每一次大的转型都会经历一个漫长的过程。而能源转型的过程也是人类在能源利用上从效率低、清洁度低的"高碳能源"向效率高、清洁度高的"低碳能源"演进的过程。这一方面是缘于人类对能源效率的主动追求，另一方面，在工业化蓬勃发展带来的资源消耗和环境污染加剧的现实情况下，人类不得不考虑资源环境的约束。

从历史发展的角度来看，能源转型是不同能源品种之间竞争的结果。一种能源要成为主要能源品种，需要满足几个基本条件：规模供应、技术过关、具有经济性、基础设施配套。在低碳成为潮流的当下，还必须满足一点：具有较少的环境负外部性。人类总会为自己的需求而选择最合适的能源，哪一种能源能被人类所选择，是基于自身优势互相竞争"适者生存"的结果。

西方国家特别是发达国家近代的工业文明虽然带来生产力的极大飞跃和人们生活水平的提高，但同时也导致环境和资源的不可承载。克服传统能源使用形式的弊端，向新的能源体系转型成为必然的趋势，《巴黎协定》的签署，加速了这一进程。全球正在经历的能源转型，与中国的能源革命不谋而合。目前中国以煤为主的能源发展方式，是高污染、高耗能的能源消费模式，折射的其实是粗放式经济发展模式和落后的工业布局，急需一场深刻的能源革命，建立更加高效、清洁的能源生产和消费体系。

当前，中国已经具备了能源转型的条件：国家发布了能源变革的总动员令，把能源的清洁化、低碳化发展作为能源转型的首要目标；人民群众对碧水蓝天有强烈的渴望，生态文明意识日益深入人心；国际上已经有美国和欧盟等大国能源转型的成功经验；应对气候变化所产生的控制二氧化碳问题成为重要推手；非化石能源特别是可再生能源技术有了突破，具备了商业化发展的条件。这一切促使能源转型的步伐加快前进。

能源转型始于观念转变

回顾历史，能源转型是人类智慧和历史机遇的产儿，两者缺一不可。看似自然过程的能源转型背后，其实都是人的力量在发挥作用。从精英的理念到大众的集体意识，从资源的基础、技术的突破到政策的选择，从被动的改变到主动的谋变，人始终是能源转型背后最关键的因素。因此，没有能源革命就没有能源转型，革命首先是观念的革命、思维的革命，其次才是技术的革命、产业的革命。

当下中国完成能源转型，需要从观念上进行根本性的转变，跳出能源方框来看能源转型，更新能源成本理念。过去我们追求能源系统成本最低，试图构建"最经济"的能源体系。但事实上，能源只是整个社会和经济系统的一个部分，更需要从系统效益最佳、整体成本最优的角度考虑问题。只有从这个角度，才能更深刻地理解能源转型背后不以人的意志为转移的规律，才能理解为什么新的能源将以生态文明为旨归，因为这才是全球经济和社会系统成本效益最优的选择。

能源转型有赖于政策优选

正如穿越三峡之艰难，能源转型也充满曲折。未来能源体系是以可再生能源为主、化石能源为辅，多能互补、系统集成的体系，而通往它的道路并不会一帆风顺，而是充满艰难。具体来说表现在以下几方面：发展可再生能源的必要性、迫切性与经济可行性还存在巨大反差；与化石能源特性耦合的现有能源系统并不会自觉向适应可再生能源特点的能源系统转型，现有能源系统缺乏变革动力去适应可再生能源特点；要将不同的可再生能源整合形成有机的新型能源体系，面临极大的技术、组织和制度方面的复杂性。这些困难是能源转型的新特征和新变化，给能源转型政策提出了更高的要求，以适应这些新特征与新变化，减轻能源转型的成本与阵痛。

而现实的困境在于，目前我国能源转型处于各自为阵的碎片化阶段，没有清晰的战略安排，实施路径和推进速度也缺乏统筹考虑，转型进展和政策实施效果缺少科学评估和考核。这些问题的解决，有赖于从国家战略层面给予能源转型明确的定位和安排。

能源转型的终极目标是能源效率的提升，能源效率包括用能技术决定的能源技术效率、企业管理决定的能源管理效率和国家能源体制决定的能源配置效率。这几个方面并非各自独立的，而是相互交织的。例如，从技术角度看，电力系统需要从大规模集中单向网络向小规模、分布式双向网络转型。这种转变必然对电力体制提出新的要求，要依靠市场机制的作用，促进能源配置效率的提高。因此，在考虑能源效率问题时，相关政策和制度的制定应充分考虑综合施策带来的总体效率的提升。

能源发展具有锁定效应和路径依赖，未来30~50年的能源系统是由当前的能源投资决定的。这就要求当前的能源投资真正符合能源转型要求，成为未来能源系统的有效"成分"，避免由于缺乏明确的转型战略引导，产业界按照局部视角和惯性思路进行投资发展，进而导致我国未来能源系统锁定在既定道路上，加大未来能源系统转型的成本。

能源民主的新图景

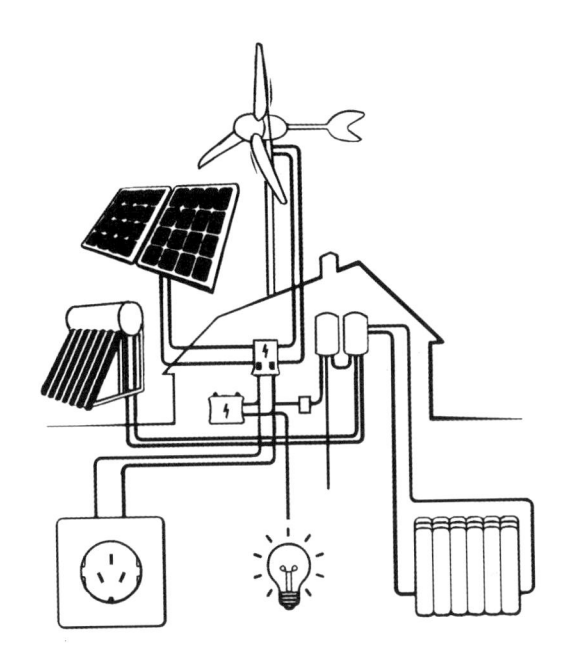

第二次工业革命贯穿了整个20世纪，石油也让人类社会达到了工业革命的顶峰。如今，这一切正在悄然发生变化，国际石油市场的变故足以提醒人类：化石能源带来工业社会所需要的一切，但是随着能源转型的推进，人们需要重新对能源经济进行理解。

在新的技术条件和经济模式下，不同于第二次工业革命以来的垂直型、集中型的能源生产模式，新的全球能源经济在生产区域、生产主体、使用方式、能源品种以及驱动力量等多个层面，都将呈现新的特点。形象地说，就是一种能源民主化的新图景正在到来。

去中心化与能源霸权的式微

在世界范围内，能源生产正呈现中心分散的趋势。以最主要的能源品种——石油为例，中东国家尽管仍然掌握着大部分资源，但中东之外的石油产量正在不断上升，页岩油气等非常规油气带来了国际能源格局的深刻变化，非OPEC（石油输出国组织，简称欧佩克）成员国的油气生产比重不断上升，美国已经超越沙特成为第一大油气生产国。这一变化带来的直接影响是，传统油气生产国的市场份额和价格影响力不断被削弱，消费国的主动权越来越大，世界石油地缘政治越来越呈现从资源地争夺向消费地争夺转变。

世界能源供应多元化的趋势将使生产者主导的局面有所改变。而这一变化的间接影响则在于，在能源格局和各种变量综合作用下，当今与未来的世界政治经济格局也在发生裂变。其中，最主要的变化是，美国将越来越难以通过中东能源战略影响全球能源和政经格局，而且随着双边和多方石油合作的增多，以美元为石油结算货币的格局也将受到冲击。能源领域正在上演"去霸权化"的进程，美国霸权的逐步终结推动能源民主化，有望带来国家权力之间更加扁平化的全球关系。

"精英能源"转向"大众能源"

具体到一国范围内,能源生产主体也将更加多元。目前在全世界石油行业中,只有美国是充分市场化的管理体制,而在大部分国家,石油均采取国有化的管理方式,形成高度集中的石油工业基础结构。越是油气资源丰富的国家,政治经济进程以及民主发展越是滞后。从根本上说,这是因为以石油为代表的化石能源属于"精英能源",它们只在特定地域出现,需要大量资本和强有力的控制体系对其进行开采、加工与运输,甚至还需要武装力量以及持续的地缘政治运作来确保安全,从而形成以大集团、产业大亨、集权式跨国公司为主导的垂直一体化开发和供应模式。

新的能源革命将改变这一现状。依靠技术的进步和产业模式的创新,给每个人创造了平等获取能源的机会。这种普适性创造了能源民主的基础:每个家庭、每个社区甚至每个人都可以成为微型的能源工厂,打破对能源生产的垂直垄断,创造了能源民主化的前提。未来的能源发展模式将是民主化和去中心化的,形成水平分布和网络扩散的合作式能源开发与使用架构。这将从根本上重建社会网,使其向扁平化方向发展,进而衍生出一种与之相应的生产方式和生活方式。

低碳进程不可逆转

从能源自身的发展和演进来看,也将出现能源品种多样化、能源使用方式多样化并呈现从高碳向低碳演进的趋势。化石能源推动了工业革命的进程，但随着资源环境压力不断加剧，靠传统能源拉动世界经济增长的模式已经难以为继，人类迫切需要减少对化石燃料的过度依赖，实现能源组合的多样化和低碳化。

能源科技创新与空间技术、人工智能并称为世界三大尖端技术，它既可以表现为全新的科技创新（如氢能、地热能、太阳能等），也可以表现为对原有科技的改进与突破（如洁净煤技术、二氧化碳捕获与封存技术等）；既可以表现为单一技术创新，也可表现为综合循环的技术系统，还可以表现为能源输送、储存以及使用的价值链增值。依靠这场深刻的能源科技革命，人类对能源的使用将经历一个由高碳走向低碳，进而走向无碳，从不清洁走向清洁的过程；能源的利用方式将从低效走向高效，从资源密集型走向技术密集型；能源设施装置将从小型走向大型，进而形成大型和小型相结合的格局，从分散走向集中，进而形成集中与分散相结合的格局，人类社会将从高能耗型走向低能耗型社会。

在欧洲，丹麦和西班牙的普通民众可以参股风力发电项目，北欧四国电网之间实现了互联互通。能源品种的分布式、多元化和去中心化运动，将加强国与国之间的合作，形成人与人之间的分享，从而建立一种以"能源和谐"为标志的新型经济社会关系。

能源民主化红利

能源民主化的影响绝不限于能源领域，它将对整个社会经济结构带来重大冲击，主要依靠大资本、大投入的资本主导型能源发展模式将受到挑战，充分利用分散的资源、即产即用型的资源主导性能源发展模式逐步兴起。这意味着在能源生产端形成一种"去资本化"的趋势，从而对经济体系和社会结构产生深远影响。

法国经济学家皮迪克在《21世纪资本论》中揭示了这样一个现实，从20世纪80年代以来的趋势是资本利得远远高过工资所得，这导致金钱越来越集中在少数人手上，贫富差距越来越恶化，形成十足的世袭资本主义。如果这种趋势不加以改变，社会将面临巨大的贫富落差、尖锐的社会矛盾，甚至引发社会动荡和战争。皮迪克认为，为了维护民主政治的稳定，必须采取行动遏制财富过度集中于少数富人手里，这是避免出现社会动荡和战争的最佳方案。

在全球化的经济运作机制下，几乎所有的行业都呈现资本主导的趋势，唯有能源民主化才有可能对全球化带来的富者愈富、贫者愈贫的趋势产生反作用，从而对不断加深的社会矛盾加以校正和缓解。可再生新能源分布于世界各地，是"不能移动"的本地资源。要想开发这种资源，就必须到当地去开发，这一过程带动的是整个产业体系和国民经济的发展，进而改变每个个体的经济状况。特别是对于化石资源匮乏的发展中国家，这种新的能源发展模式更具有诱惑力，不但可以促进本国的产业建设、基础设施建设和技术创新，也能让更多的人分享经济发展和全球化带来的"红利"。

能源生产与使用方式的民主化，内在地呼唤一个"人人参与、人人分享、人人创造"的社会出现。随着能源民主化的深入推进，一个更加开放和多元、参与性和互动性更强的能源经济体系将出现在我们面前。

隐形能源与能效革命

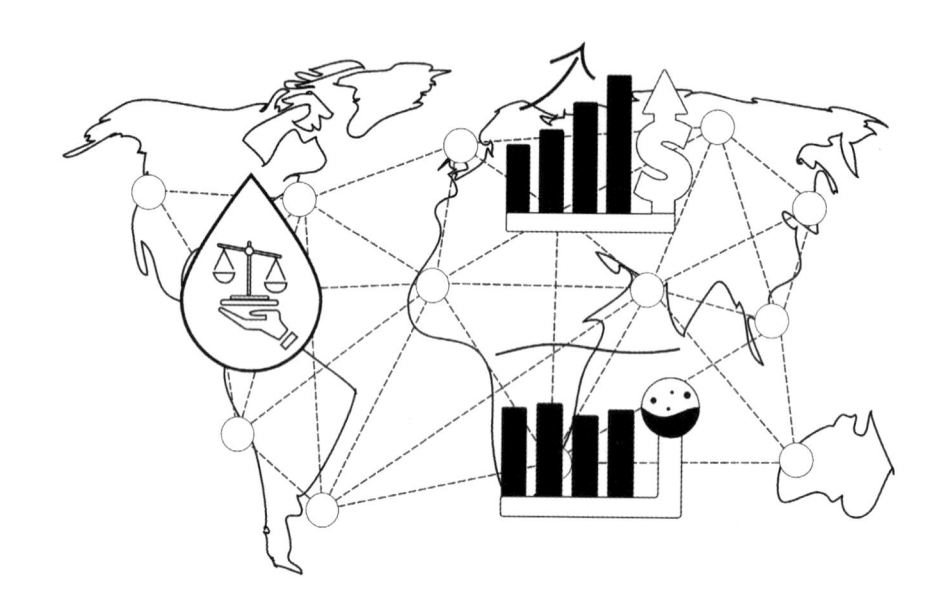

能效被称为"隐形能源""最大的能源",日益受到人们的认识和重视。人类对更加优质、高效的能源的追寻,是一场没有终点的旅途。而提高能效是贯穿人类能源发展的内在规律,人们对能源效率的追求,从根本上支配了能源发展,推动人类能源转型不断从低效走向高效。

有人把提升能效的行动比作一场"看不见的能源革命",它推动能源体系朝着更高效、更清洁的方向发展,也在冲击着人们关于能源发展的固有假设，即经济增长必然带来能源需求同步增长。在能源供需变化的函数中，能效成为新的重要变量，这给能源行业尤其是化石能源企业的运营理念、市场策略和业务发展形态带来了新的挑战和机遇。

提高能效将是大势所趋

从全球范围来看，在应对全球气候变化的大趋势下，尤其是在后《巴黎协定》时代，各国都提出了大幅度减排的雄心计划，但供应端的可再生能源短期难以等量代替传统能源。因此，主要国家和经济体均重视节能和提高能效，将其作为呵护地球环境的先决条件和推进能源绿色低碳发展的重要抓手。欧盟提出，到2020年，能源效率较2008年提高20%；到2030年，能源消费总量比1990年降低30%。美国特朗普政府尽管宣布退出《巴黎协定》，但依然出台了关于建筑、电动汽车、工业等部门的能效政策。日本大力推进全社会的节能工作，成为人均能耗最低的发达国家。

对于广大发展中国家和新兴经济体来说，能效提升的空间更大。由于发展中国家在发展初期往往选择能源密集型发展道路，导致能效水平总体偏低，提高能效的潜力很大，随着新兴经济体的经济快速增长，与其他解决能源供应的方式相比，提高能效投资更少、见效更快。

中国是世界上能效政策和行动方案最全面、力度最大的国家之一，2000—2015年，在能效提高政策的带动下，中国的能源强度降低了30%。与此同时，自2000年以来中国人均收入增长了3倍多，推动了对于现代能源服务的需求。人均能源供应量从每人0.9吨油当量增加到每人2.2吨油当量。今后几十年是中国工业化和城镇化的关键时期，要缓解能源生产与消费的矛盾、能源与环境的矛盾，最快捷、最现实的途径就是提高能效。

当前，中国处于穿越"能源三峡"的重要历史关口，需要走出一条既能满足经济社会发展需要，又能适应生态环保约束的道路，平衡经济发展、能源消费与生态环境三者的关系。从这个意义上说，中国的能源问题首先是效率问题。中国已经是能源消费大国，但能源消费反映的是一国的经济规模和消费能力等硬实力，能源效率作为反映一国技术水平和创新能力的软实力指标，更是衡量国家实力不可或缺的标准。它不仅关系到能源的有效供应，也关系到环境承载力，还关系到中国在全球产业链中的价值分配，因而，不仅是一个技术问题，也是一个重大的经济命题和社会命题。

二十国集团（G20）杭州峰会核准了由我国政府牵头制定的《G20能效引领计划》，这彰显了中国在能效议题上从"参与者、跟随者"向"主导者、引领者"角色的转变。在当前全球经济持续低迷、传统动能日益消退、能源需求普遍放缓的背景之下，G20仍然强调把提高能效作为长期优先任务，并将其纳入G20这一全球经济治理重要平台，充分说明提高能效已是全球共识。

能源需求增长缓慢成为"灰犀牛"

随着全球经济增速放缓，能源技术效率和使用效率提升，能源需求增长将不再强劲，化石能源更是面临着需求不振和新能源追赶的双重夹击。国际能源署署长法提赫·比罗尔表示，通过许多国家的能效政策，今后许多经济体可以见证经济增长而能源需求不增长。美国落基山研究所报告显示，基于现有技术，通过大幅度提高能效和发展新能源，采用市场化的整体解决方案，美国在2050年之前将完全摆脱对煤炭、石油和核能的依赖，并消减1/3天然气消费，支撑GDP增长158%，减少投资5万亿美元。

中国过去30多年的快速经济增长，大部分来源于固定资产投资、重工业发展和制造业出口。自2013年以来，中国政府提出了新的发展战略，更多强调创新驱动和可持续发展对经济增长的贡献。经济新常态带来能源领域显著的结构变化，当前的煤炭消费下降和能源密集型工业增长放慢已初露端倪。

为实现碳减排和能源强度指标，中国将采取一系列措施，包括扩大碳排放交易，采用政策工具和金融手段鼓励节能环保技术和产业发展，完善能效计量和管理体系，倡导消费者改变购买行为和生活习惯等。特别值得注意的是，提高燃油效率标准的政策，以及促进节能的"领跑者"计划。

在城市化加快发展、新技术不断涌现的背景下，中国将重构工业化和城镇化模式，加快产业结构和区域布局调整，实现系统性优化，具体措施包括大力发展服务业和战略性新兴产业，促进传统产业升级改造，实现节约、集约发展；加强重点行业的规划和布局，改变各地区产业结构趋同、生产能力过剩的局面，避免重复建设造成的能源浪费；推动紧凑型城市和城市群发展，全面普及超低能耗建筑、公共交通、智能电网、分布式能源体系，推动城市能源环境服务普惠化、公平化、现代化；加快技术创新，对交通、建筑、工厂、园区、城市等进行"一体化"设计，实现基础设施智能集成，从源头实现资源能源的集约、高效和优化利用。

可以预见的是，在一系列政策的推动和引导下，中国的能源利用效率还将不断提高。当然，在人均用能水平总体偏低的情况下，要满足人们对于美好生活的向往，我国未来能源需求总量特别是优质能源的需求量仍将增加。只不过在全球市场联成一体的情况下，中国能源的需求增长将会被全球市场的颓势大幅稀释和抵消。

能效提升导致的需求增长缓慢，《巴黎协定》带来的低碳能源加快发展和高碳能源成本上涨，以美国二叠纪盆地为代表的非常规油气不断加入竞争，这3种情况是化石能源面临的3头"灰犀牛"，需要高度关注和重视。而能效的影响具有隐性，犹如水面下的"冰山"还不够被重视。例如，对眼下讨论得热火朝天的电动汽车，专家乐观预期未来若干年能替代燃油的量仍然有限，而且在一次能源上并没有真正实现替代（电的来源依然要靠一次能源）；相比之下，燃油效率提高带来的替代效应可能是电动汽车影响的10倍以上。

创造新用户是能源行业最大使命

能源企业作为能源生产者和耗能大户，无疑要顺应绿色低碳发展的潮流，把节能和提高能效作为重要方向，在开发条件相当的情况下优先开发节能资源，确保实现对能效煤矿、能效油气田、能效电力资源的有效开发利用。

同时，面对能源需求增速减缓的不利局面，能源企业有待于转变观念，化挑战为机遇，从提高能效的巨大潜力中发掘新的机会。从根本上说，能效的重要性体现在投入产出比上，即减少提供同等服务的能源投入，这既符合资源环境友好的要求，也是人类经济理性的体现。而减少的投入既是能效价值的体现，也是能源企业新的价值源泉。这就意味着，能源企业不只是能源提供商，还可以成为帮助用户更好地管理能源使用的服务商，使用户在付出同等成本时获得更多的潜在回报。

当前中国，推进能效提高具备的条件更加完善。产业转型升级推动经济发展从要素驱动到效率驱动转变，带来了结构效应；新技术的推广应用带来了生产率效应；城镇化导致的人口和经济活动更趋集中，带来了规模效应。从意识层面来说，环保低碳意识在大众当中日益普及，人们日益信奉"少即是多"的生活哲学。更为重要的是，随着计算机技术、自动化技术以及物联技术的飞速发展，人们可以摆脱热力学第二定律的束缚，实现信息对能源的部分替代，利用信息化红利来提高全社会的能源配置水平，对能源效率进行系统优化。

无论是基于实际需求、解决痛点的能效技术，还是"能源足迹"的测量和可视化呈现（实现能源使用的"返祖"），无论是全生命周期的"大能效"解决方案，还是高效便捷的第三方专业化能源管理，都与能效提升息息相关，也都蕴藏着极大的商业潜力。通过发挥创造性思维和创新技术的作用，将能源服务转化为以"能效"为表象的创新产品，能源企业有望为自己创造出新的用户需求。

德鲁克曾经说，企业唯一存在的价值就是创造顾客。但在很长的时间里，大型能源企业一直执着于供应，安于能源需求的不断增长，以至于现代营销学的奠基人之一西奥多·莱维特说:"在洛克菲勒向中国免费赠送煤油灯之后,石油行业就再没有为自己产品创造需求做出过任何杰出之举。"然而,低增长趋势正在改变人们的旧思维和认为能源不愁用户的假设,能源企业必须做出改变。

一些新的迹象正在出现,正如彭博社的一篇文章指出:壳牌刚刚推出一项数字化智能服务,在智能手机上安装"Shell TapUp"App后,车主可在家里为自己的汽车下单加油,而不必把车开到加油站;BP石油公司推出了更加贴近用户的化工产品和零售业务;意大利公用事业公司Enel SpA收购了一家美国公司,目的是帮助能源消费大户管理需求……

这说明,石油公司在桶油利润减少的情况下,正在试图接近消费者更多一点,为每桶油增值。电力公司除了建设大电厂、铺设大电缆的旧模式,开始帮助用户管理需求,提供更贴身的服务。这种做法更看重用户端增值,更看重潜在需求的开发,更看重人性化和便捷化的服务,而非一次性的资源供应。

对于中国能源企业来说,创造新的需求也包括依托"一带一路",加强国际合作,进一步开拓海外市场,尤其是到发展中国家去,到非洲等能源基础设施落后和人均用能低下的地方去。这样既能找到新的市场需求,也有利于减少全球的能源贫困。

IV

PART FOUR

第四部分

走出迷津

当我们在谈论能源时，我们在谈论什么

　　当人类懂得如何使用机器和引擎转换各种能量，那些深埋于地球的煤炭、石油、吹过荒原的风、自由奔腾的江河、照耀大地的阳光，都被统称为"能源"，驱动起人类发展的巨轮，在不同的时代做着不同的功。可以说，人类自诞生以来，就一直目睹着能源进步，也在认识和谈论它。但是，在不同的时代和情境下，也许人们谈论的并非同一个概念。

　　人类社会的发展，首先是生产力的发展。生产力发展的先决条件，就是要有生产要素的投入，而能源是极为重要的生产要素。物质性是能源的第一定义。随着社会的发展和商品经济的发达，能源成为重要的商品进行贸易和流通，在具备使用价值的同时拥有了交换价值。现代金融业的发展，也深入能源领域，为能源赋予了金融属性。而作为重要的大宗商品和战略性物资，在国际政治错综复杂的

当今世界，能源与地缘政治的密切联系，也使得其政治属性日益突显。

可见，我们今天所谈论的能源，远远不止某一个单纯的面相，而是有了众多的投影和形象。其中，有的是能源自身折射的复杂光谱，有些是人们给予的多种赋义。实相和虚相交织，往往使看似清晰的事实变成了言人人殊的语义和话语迷津。但人们同样对能源谈论看法时，可能因为定义边界和适用条件的不同，而无法有效沟通和形成共识。

因此，我们需要厘清对能源的认识，为能源"祛魅"。例如，把能源的商品属性从政治属性中"解救"出来，打破不切实际的心理幻觉，摒弃附加在能源上面的种种"神话"，撤去新闻报章以及文学艺术作品中对能源不可避免的曲解和附会，等等。对于能源这样一个模糊而庞大的事物，我们需要擦拭一下眼睛，才能看得更加清楚一些。

人们对高品质能源的追求，是一个无止境的过程，也由此带来转型动力。能源领域需要有更多的常识、清明的理性和正常的逻辑，如此，方能使能源体系转型与观念意识的转型互相促进。

能源的第一个名字是商品

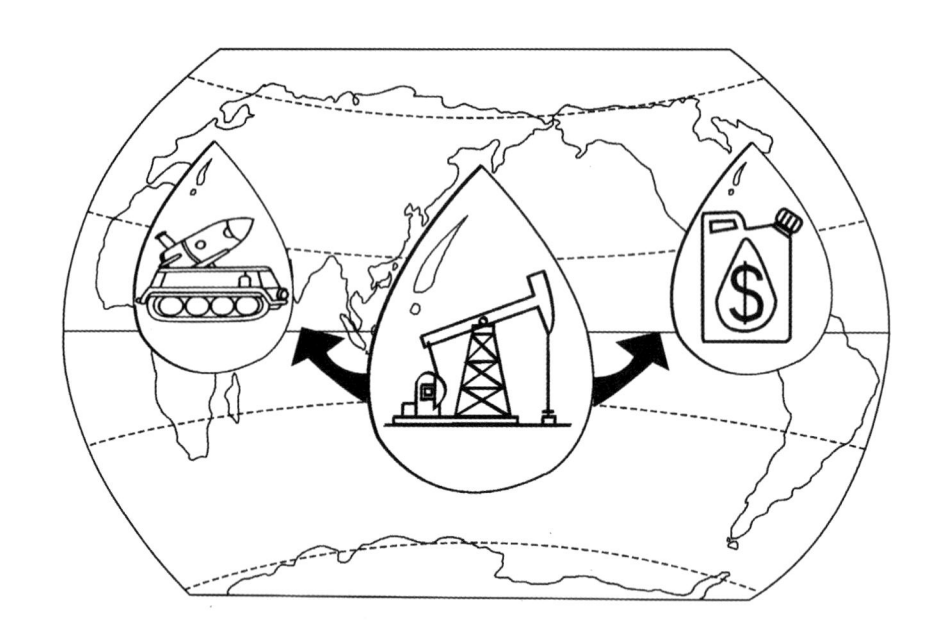

能源是人类生存和社会发展的必要条件，是生产力的要素。能源作为生产力这部引擎的"燃料"和人类文明发展的动力，它的形态虽然各异，但从物质的自然属性看，能源只是一种商品而已，与其他商品没有区别，都是经过生产到消费，实现经济价值和社会价值的基本过程。从商品的角度认识能源、开发能源、利用能源，将是人类社会生活中不变的主题。

还原能源的商品属性

迄今为止，人类经历了几次重大能源革命：第一次，人类学会了钻木取火，从此告别愚昧。火使人类的祖先成为生物界的王者，成为整个地球的主宰，而这种能力是此前的动物所无法拥有的。第二次，煤炭和石油伴随着蒸汽机的技术革新，轰轰烈烈的工业革命在机器轰鸣中拉开了序幕。第三次，现代物理学的发展，人类有能力把原子核打开，进而将蕴藏在原子核深处的巨大能量为人类所用。第四次，就是人类目前所面临的能源革命浪潮，以物联网为代表的新兴IT手段改造和提升传统能源，并且使能源资本实现全球化配置。

纵观这些能源革命，我们看到了能源对人类文明发展的重大作用，人类文明演进的过程就是能源转型的过程，这个转化的过程遵循着"量变-质变"规律。按照马克思在《资本论》第一卷中的认识，资本由不变资本（厂房、设备及其他自然资源等）和可变资本（资本家支付工人的劳动报酬）组成，只有可变资本才会创造剩余价值。能源作为社会经济发展的基础条件，它具有价值，因此具有不变资本的性质。同时，能源作为一种商品，在开发和运输的过程中凝结了劳动者的必要社会劳动，它又具有传导和体现劳动者价值的使用价值，因此具有可变资本的性质。由于能源资本同时具有不变资本和可变资本的属性，因此它是一种特殊的商品。"特殊的"只是定语，它本质上还是一种商品，这是能源的第一属性。

以当今世界主要的能源石油为例，它具有物理、金融和政治三重属性。首先，从物理属性上看，它是一种资源性产品，是可以用来贸易的商品；其次，它是一种举足轻重的战略资源，关系到一国的政治经济命脉和军事力量消长，受到地缘政治和国际关系格局的影响，从而具有了政治属性；最后，当今石油市场已经日益与金融市场相结合，石油逐渐地金融化，衍变成一种带有金融属性的商品。这些特性赋予石油更丰富的内涵和更多的变化。

石油商品与一般商品相比，主要的区别在于石油是不可再生的可耗竭资源，无法被制造，但作为现代社会的基本动力，人类对这种商品产生了极大的依赖性，具有不可替代的地位。石油从来不是简单的商品，世界经济对石油的严重依赖和石油产需分布的不平衡使石油具有明显的政治属性，成为现代国家经济发展和国家安全保障的重要战略资源。

石油与政治紧密相连，而过于强烈的政治属性，往往让人们忽视了它的商品本质，将其完全等同于战略武器，而忘记了石油是一种在全球范围内贸易的大宗商品。政治认知上的错谬，带来了行为上的乖张。从国际上说，这是当今世界一些地缘政治冲突问题的根源，而在石油生产国等资源国，强调石油的政治属性为牢牢把持石油产业的群体提供了借口，导致了石油经济改革的难度，进而使这些国家难以摆脱对石油的依赖，影响经济的可持续发展。还原能源的商品属性，意义正在于此。

石油问题的去政治化

如前所述，由于石油的政治属性，它在地缘政治中发挥着不可忽视的重要影响，不论是石油的消费和使用、石油的生产和供应，还是石油的运输和价格波动，都与地缘政治问题息息相关。石油因此从一种普通的燃料，演化为最重要的战略商品，日益与国家经济安全、外交政策和军事等问题联系在一起，进而影响着世界经济的发展，国际格局的形成，乃至国家之间的冲突与结盟。

从政治经济学的角度看，与石油有关的问题从来就不是客观的、单纯的供需和价格等市场问题，而是涉及大量与利益分配相关的权力斗争，有时甚至是血腥的战争，这是由石油的政治特性决定的。两次世界大战，皆为石油而谋，因石油而战。第二次世界大战后，随着国际石油市场供求关系的日趋紧张，作为一种战略性资源，石油成为产油国及国有公司与石油消费国及跨国石油公司较量中有威力的筹码。消费国对石油供给危机的恐慌，更加剧了石油作为政治武器的威力。在政治家眼里，石油是与国防同等敏感的要害领域。

石油在战争中发挥了巨大作用和影响力，在关乎国家军事战略利益上具有不可替代性；石油在一定程度上表现的"武器"性作用，使之成为政治权力角逐的物化表现手段。正是在这种思维逻辑的指导下，一些本应主宰石油市场运行规律的经济和财政因素，往往不得不让位于地缘政治的考量。政治行为体通过对石油资源的控制和利用，展开相互竞争，实现以权力、利益、安全为核心的特定地缘政治优势。

全球油气资源分布的空间区域呈现极不平衡性，世界油气中心同时也构成地缘政治的中心区域。而每一次新的能源区域的出现，紧随的就是围绕着该区域的地缘政治角逐，资源与地缘价值在时间和空间上合二为一。在激烈的争夺中，伴随着世界地缘政治力量的转移和重组，从而形成一幅幅新的世界石油地缘政治图景。

当前，石油地缘政治格局的演变呈多极化趋势，中东地区仍将是地缘政治争夺的核心地带，美国能源的独立正在重塑新的地缘格局，深海及极地地区在地缘政治中的重要作用逐渐突显，而非常规油气资源的开发将缓和地缘政治的紧张局势。石油市场格局的背后是经济与政治利益的博弈。从当前的国际石油市场以及政治环境来看，石油地缘政治格局依然充满复杂性而越来越难以确定。

一些西方学者往往把美国在中东的石油之战的原因归结为石油本身的稀缺性："当石油短缺时，就爆发战争，寻求石油就成了战争的目的。"只有那些追求地区乃至全球霸权的国家，才诉诸武力来确保对石油等战略资源的控制和垄断，而并不是所有需要从海外寻求石油的国家都会或必须通过武力才能获得石油。对于爱好和平的国家来说，则以和平的方式获取国家发展所需要的各种资源。

按理说，以市场为基础的能源合同是持久的。在经济全球化背景下，每个国家都有充分利用石油资源促进自身发展的权利，石油问题政治化无疑是对这种权利的否定。它一方面限制了某些产油国根据本国政治经济状况制定石油出口战略的选择空间；另一方面使某些新兴国家因经济发展而带来的石油消费增长备受指责，导致一些国家在正常石油交易中承受不应有的政治和道义压力，并经常在国际石油市场竞争中处于不利地位。

在全球化进程中，石油生产国与消费国双方相互依存的程度越来越大，没有哪一个国家能够脱离其他国家和地区的能源安全而独善其身。在全球化条件下，石油安全并非一国或少数国家的安全问题，也不仅仅是石油输出国或石油消费国的问题,而是许多国家的共同安全问题,它只能建立在各国石油相对安全的基础上。因此,各国应该通过对话和协商解决因石油问题而引起的分歧和矛盾,而不应将石油问题政治化,更不应动辄诉诸武力。石油问题政治化,无助于世界能源安全,只会增加威胁全球能源的不安全因素。

自第一次石油危机以来,尽管国际社会一直致力于将石油和政治分开。然而,人们却依然越来越热衷于把石油当作武器,这与石油"去政治化"的努力背道而驰。石油问题"去政治化"的愿景无疑是好的。然而,诸多迹象表明,石油问题在现今社会还没有办法与政治脱钩,石油安全早已在某种意义上成为国家安全的代名词,石油"去政治化"依然遥不可及。

恐惧与贪婪的灾变心理

至今，人类已经历了两次能源转型，如今正在进行从化石能源体系向新的能源体系迈进的第三次能源转型。但与能源不断转型不同步的是，人类的心理机制并未实现转型，而是在原地踏步，表现就是常常陷入一种莫名的恐惧当中，恐惧的对象往往不是具体的事物，而是一种不确定性。不确定性带来的恐惧，导致人们视线模糊，认知混乱。这种以恐惧为内核的灾变心理，若不能正确认识并加以遏制，势将从意识变成行动，打乱能源转型的自然进程。

刻舟求剑的"峰值思维"

十余年前，"石油峰值论"观点的支持者们时常有机会找到听众，向他们灌输石油资源不可再生，进而产量即将到达顶峰的观点。这一观点的含义就是，石油资源枯竭是地质学规律决定的宿命，未来的石油资源将愈加稀缺，价格也将不断上升。

这一理论是美国地质学家在资源耗竭理论的基础上推导出来的，应和了人们对资源前景充满担忧的深层心理，因而广为流传。接受这一观点的人，往往忽略了在和平环境下技术将引领人们找到更多能源这一事实。

在石油行将枯竭的假设下，市场充斥着对于石油短缺的忧虑甚至恐惧，国际原油价格一路攀升，似乎又反过来印证和支持了这一理论的有效性。大部分人都认为，低油价时代恐怕一去不复返了。

在对资源枯竭的担忧之下，缺油的恐慌情绪持续蔓延，各大石油公司开展了激烈的石油争夺战，人们陷入了对石油短缺的极端焦虑之中。然而，就在人们以为石油供应峰值马上到来、油价将在"百元时代"永远驻留的时候，2014年以来国际油价的"断崖式"暴跌却令许多人大跌眼镜。

当前，世界石油供应从紧平衡到略有宽松，石油供需格局发生了新的变化。曾经大肆鼓吹"供应峰值"的一些专家学者，又掉转头来大喊"消费峰值"即将到来，认为石油乃至能源的使用即将很快在某个时点到达顶点，之后就会下滑,并基于这一判断,提出一系列应对的技术方案和政策主张。

从"供应峰值"到"消费峰值",表面看论调完全不同,但其背后的心理模式如出一辙,即用已知去预测未知,用偶然来推导必然,用恒定的常数来判断未来,其结果往往如同刻舟求剑。

对短缺或过剩的恐惧

国际著名能源专家莱昂拉多·毛杰里说,"黑金(指石油)带来了神话和妄想,对现实的恐惧和错觉,还有那些摧残世人心灵的不明智的政策。"

自从石油工业诞生以来,关于石油即将出现枯竭的"灾变论"观点,至少先后于20世纪初、"二战"期间、石油危机之后以及新世纪初出现过四次大的思潮。20世纪70年代还发生过两次全球性石油危机,深刻改变了世界格局和发展进程,至今深深影响人们的思维观念。

"一战"前后,本来是能源科学创新非常活跃的时期,煤气化、电动汽车、潮汐发电等大量新的能源技术出现,但战争的爆发打断了能源技术发展的进程。石油成为战略武器和地缘政治工具,可以说是石油枯竭论背景下的扭曲产物,对石油的争夺引发了一个世纪的动荡,但事实上,除了战争和人为禁运,世界从未缺油。

除了担忧石油短缺,有时人们也会对"石油末日"产生深深的担忧。20世纪80年代中后期,由于之前石油危机导致消费侧采取了一系列节能行动,发达国家石油需求不旺,市场出现供过于求,石油将被抛弃的声音越来越响。石油生产国担心长此下去地下资源无法变现，纷纷加大马力生产，中间商纷纷抛售库存，使石油泛滥进一步加剧，国际油价跌至冰点，并持续数年，给石油行业乃至经济发展带来巨大冲击。

这一过程被称为石油"反危机"，由于油价下降，在石油危机中培育的节能意识和行为变得不合时宜，蓬勃兴起的新能源发展势头也被阻断。

此前，为了应对能源短缺，发达国家的清洁能源得到长足发展，核电比例大幅提高，液化天然气开始得到更多的应用，政策强制与鼓励交通领域和工业厂商提高能源效率。从1975年到1985年，美国的能源密集度每年下降5%以上。但在石油泛滥导致的低油价面前，发展新能源和节约能源的道德责任似乎完成了历史使命。当石油充足而廉价时，经济理性支配下的节能意识变得过时，人们关注的重点很自然地从少使用能源转向获取更多的能源了，特别是美国里根总统上台后，废止了之前的一系列节能政策，原有的能效红利被十分可惜地浪费了。直观表现就是，美国人购买SUV（运动型多用途汽车）越来越多，电视屏幕越来越大，而空调几乎从来不关。

类似的情节，在20世纪末又再次重演。而到最近一轮油价下跌之初，欧佩克国家反常地增产，本质上也是担心石油泛滥而争夺市场份额的本能行为。

一百多年来，油价涨涨跌跌，最高的时候达到147美元一桶，低的时候比水还便宜，难道石油本身以及供求关系发生了那么大变化吗？事实上在很多时候，左右石油价格的是恐惧心理，以及因恐惧而滋生的贪婪。人们担忧短缺或者泛滥的心理因素，会给油价带来完全不同的推动力。这种推动作用远大于市场供需变化应该产生的正常波动，导致石油历史在扭曲中发展。

恐惧是人的本性，根植于人的心灵深处，要克服实非易事。人们总是过度担心未来，当面对不确定性时，恐惧容易被激发，并像枷锁一样把人的思想和行为控制起来，使眼睛和心灵被遮蔽，看不到真正的事实，忽略了事物的逻辑，被一些似是而非的观念所左右，做出在当时看来万分正确、却在事后显得荒诞不经的行为。

在社会场域中，恐惧心理常常从一部分人的意识变为集体意识，人是容易从众的生物，喜欢盲从，害怕孤立，当某一种声音甚嚣尘上时，足以淹没任何犹疑和反思的声音。身处其中，能够辨清事实已属不易，坚持独立思考更是难上加难。其结果是从恐惧演变为一种社会性的"灾变心理"，导致更大范围非理性的情绪和行为。

灾变心理将打乱能源转型进程

人类已经历了从薪柴到煤炭、从煤炭到石油的两次转型，正在通过第三次能源转型逐步过渡到以清洁能源为主体的新能源体系当中。能源经济是一个异常复杂的系统，受到经济成本、政策规定、社会心理、技术锁定、基础设施路径依赖等多方面影响，所以每一次转型都将经历一个较长的过程。

同时，能源转型是一个自然过程，有着不以人的意志为转移的客观规律，人们需要遵循规律，顺势而为，把钱投入边际效益最大的领域，推动能源体系实现良性发展。如果跨越必要的过程，将会出现揠苗助长的情况，留下后患。而在虚幻恐惧基础上做出的市场行为、政策抉择和技术选择，最终会带来苦果。

从能源竞争的角度来说，更加清洁的能源要在竞争中获胜，需要满足几个条件：规模充足，技术过硬，经济可行，基础设施配套。当前石油依然是主导能源，也是新能源竞争的对象。从经济理论上说，石油价格等于开采难度最大的"最后一桶"的边际价格，但石油是一个特殊结构的市场，存在生产者垄断，欧佩克成员国掌握了一定的剩余产能，当它们觉得市场份额受损时，随时可以释放出这些产能，对市场造成冲击，这种情形历史上反复发生。因此，很多时候，国际油价并非真实市场环境下的"自然价格"。

例如，此轮油价暴跌之前的10年，由于需求增长、生产者垄断、地缘风险溢价以及金融炒作等因素影响，国际油价节节攀升，令整个行业陷入了一种狂热的非正常状态，不惜代价大肆争夺油气资源。结果是各项成本水涨船高，整个行业饱受通胀之苦，也培养了页岩油（气）这样的竞争对手，并给可再生能源带来迅猛发展的契机。

按理说，可再生能源提升竞争力获得发展，对于能源转型来说是好事，但石油价格剧烈的波动，给价格敏感的可再生能源营造了并不理想的发展环境。这里的悖论是，石油的未来预期越差，价格越低，越难被替代，因为它相对别的能源更具竞争力。但是2016年以来石油消费量不降反升就是一个有力证明。

在正常的环境下，石油市场生产与消费的自我调节机制，将逐步推动价格回归均衡。但值得警惕的是，在一味"唱衰"石油的氛围下，生产者出于对未来的悲观预期，持续大幅减少投资，而消费端的使用则在增多，一旦供求关系再度趋紧，将有可能再次抬高油价。过高的油价虽然会刺激新能源发展，但也埋下了再次暴跌的伏笔。

如果没有一个相对合理的预期引导投资与消费，其结果将是油价"过山车"般大起大落。在这样异常的周期中，不但石油行业不堪其累，对需要一个稳定环境的新能源来说，也将饱受煎熬。如前所述，20世纪70年代的石油危机刺激了新能源发展和节能意识兴起，但随后的石油泛滥使这种激励机制消失了，盛极一时的能源革新运动逐渐偃旗息鼓。如果油价总是这样大起大落，不排除同样的故事重演。

从技术路径来说，未来的能源格局将是多能互补、系统集成的体系，化石能源和非化石能源都将有一席之地，而非一家独大。因此，既不要急忙把化石能源赶下"战车"，也不要过分夸大某些前景不明的能源品种的未来。

新的能源技术和品种值得关注、跟踪和研究，未来能源的技术制高点也不应轻易放弃，但在面临诸多不确定性的情况下，还是需要慎重决策。若盲目进行巨大投资，将带来社会资源配置的浪费。

从政策选择来说，政策方案源于对未来的情境规划，而虚拟的情境会导致规划失真。能源清洁转型的趋势是无疑的，但过程是渐进而非突进的，如果主观地缩短这一进程，在压力状态下做出的政策选择，有可能会偏离实际。

对中国来说，减少化石能源使用是长期的趋势，但从目前来说，考虑资源禀赋和实际国情，中国能源结构优化的方向是"稳油增气减煤"，推动化石能源清洁化与清洁能源规模化，特别是扩大清洁能源天然气的使用。从能源转型的规律来说，现在就提出"革石油的命"有点为时过早。即便采取行政强制手段，但更强大的底层规律与经济理性仍将发挥作用。如果无视这一点，在灾变心理支配下草率行事，或将造成新旧体系之间的强烈冲撞，带来巨大的转型成本，打乱能源转型的自然进程。

为能源神话祛魅

人类不缺少神话，误读、误解是生活的重要组成部分，也是社会进步不得不付出的代价。能源渗透到人们生活的各个方面，与人类社会发展息息相关，因为它们的重要性、普及性及复杂性，有关能源的神话也很多。世界著名的石油专家莱昂纳尔多·毛杰里说，"能源部门是这个星球上最大、最有趣、最有活力也是最重要的行业，然而它也最容易被误解"。被误解的需要被纠正，为能源"神话"祛魅，我们才能把它看得更清。

雾里看花的"能源安全"

在谈论能源问题时，人们出于偏见和短视等心理，往往陷入一些似是而非的观点不能自拔。比如，在能源资源方面过分夸大资源枯竭的危险，甚至鼓吹所谓的峰值论；过分夸大石油的地缘政治因素，把石油与战争画上等号；把高油价当成世界经济衰退或经济危机的罪魁祸首；把中国海外能源投资或者说能源资源领域的"走出去"单纯说成是保障能源安全；夸大中国能源运输安全问题，尤其是"马六甲困局"问题，等等。

概念是推理和论证的基础，也是逻辑思维的重要构件，但在讨论很多能源问题时，往往由于概念不清，导致观点歧义百出。比如，朝野上下非常关心的"能源安全"，大而抽象，却并没有共识性的概念，往往是言人人殊。以致有人说，与其讨论"能源安全是什么"，不如讨论"能源安全不是什么"等有效。

在很多讨论中，能源安全的重要性、紧迫性和危险性是被夸大的，进而在这一并不坚实的基础上推导出更多的观点和理论。但这些观点有多少可靠性是存疑的。毕竟在目前来说，能源安全或能源短缺问题对许多国家而言并非天大的、无解的问题，各国并非为了能源就会进行激烈的争夺或发生战争。能源的政治属性还将持续一段时间，与地缘政治的相互影响也仍会发生，但总体上，能源和资源作为商品的属性是第一位的，最终决定市场的是供求关系，特别是从长期看，决定市场的是有效的需求。

与20世纪70年代两次石油危机期间相比，当今国际能源供需方相互依赖日益加深，世界能源供应安全形势明显好转。维持能源和资源市场（全球、地区或国内）的稳定、强化国家治理和市场完善、推动资源相互依赖与国际合作，才是解决资源问题、促进人类可持续发展的根本之道。

陈旧的地缘政治思维亟待抛弃

在石油领域中，有一句广为传颂的话，即美国前国务卿基辛格说过的"控制了石油，就控制了一切"。在理解它时，很多人脱离了当时美国面临石油危机的时代背景，把一时应急的想法当成了永恒而普遍的真理，把"实然"当成了"应然"，从而在头脑中树立了根深蒂固的基于冷战和对立思维的能源地缘政治观点。

传统的石油地缘政治观点，认为石油是决定地缘政治格局的关键因素，是生产国与消费国对立博弈的重要工具，进而演绎出"油权"概念，作为海权、陆权之外的另一种重要权力来源，内容包括对资源的掌控权、对市场的掌控权和对通道的掌控权。过去几十年，争夺"油权"的思路，支配和主导了全球石油格局的变化，进而影响了整个国际局势的演变。

而在新的形势下，石油市场态势和竞争格局发生了巨大变化，"油权"的内涵也在发生变化。今后的油权必将逐步淡化资源控制、通道控制和简单粗暴的市场控制等原有内涵，而增添了市场秩序维护、技术引领、可持续发展体系构建和全球治理参与等能力。而新的"油权"内涵存在的基础是，石油要更好地服务社会发展和经济活动，更好地满足人类需求，造福世界，成为一种更加纯粹的商品和新的公共产品。否则，就像石器时代终结一样，拥有再多的"石权"也无济于事。

凯恩斯曾经说过"那些声称不需要理论甚至没有理论更好的经济学家，不过是处在某种更为陈旧的理论支配之下。"对于石油来说也同样如此。面对石油世界翻天覆地的变化，如果还抱着陈旧的地缘政治理论不放，始终用冷战和"零和博弈"的思维来分析石油，不是冥顽不化，也是抱残守缺。目前全球油气供应比较宽松，地缘政治的影响已经在减弱，而且特征上也在发生变化，即从侧重于生产地争夺向侧重于消费地争夺转变。其实从历史来看，石油市场并没有真正短缺过，只存在价格高低的问题，只有在战争、石油危机中禁运才导致短缺。因此，解决石油问题更应该依托一个更加健康有序、良性运转、供需平衡的市场，使生产者和消费者的利益都能得到保障，而单纯从地缘政治来审视能源安全的思路值得反思。

别让"阴谋论"蒙住了眼睛

面对一件事时，人们常常会寻求事情背后的原因。但人们又不满足于单一的解释，往往喜欢用阴谋论来看待周围的现象。从股市到楼市，从贸易到金融，从油价到金价，在某些人眼里，都充满了阴谋。能源领域更是成为阴谋论的盛产地，无论是气候变化、美国页岩油（气）发展、国家油价暴跌，还是欧佩克成员国减产或者不减产，都被认为是某种阴谋在作祟。

用阴谋论来解释一个不太容易理解的问题，其实是一种偷懒的方式。将一些复杂的事情讲明白是非常麻烦的，如果像编故事一样说有人在算计我们，这是有组织、有计划、有预谋的行为，所有复杂现象都不用追求本质原因了。这种简单的、自我满足式的思维模式，最大的弊端在于，当费尽心机地琢磨他人的动机、寻找"阴谋"的证据时，自我发展的机会就在不知不觉中流失了。

许多研究表明，阴谋论是与无力感、不确定性和缺乏掌控的感觉相关联的，因此，它是通过对复杂的社会事件提供简单的解释——重塑可控性和可预见性的感觉，从而帮助人们"理解世界"。

气候变化今天已经成为热议的话题，然而在很长一段时间里，被认为是一些国家的阴谋。而事实上，气候问题的实质，不仅仅是如何防止气候变化的灾难性影响，也包括哪个国家能够在低碳发展潮流中占据先机和实利。这不是阴谋，而是阳谋。在真正的实力面前，一些小打小闹的阴谋基本上派不上用场。

对于中国等发展中国家而言，应对气候变化与发展低碳经济并不是压在自己身上的枷锁，而是一次在同等起跑线上与发达国家竞争进而实现赶超的契机。值得庆幸的是，中国近年来通过积极参与国际谈判，光明正大地进行博弈，大力推进能源转型和低碳减排，从而在竞争性的国际关系中不断提升了自己的话语权，引导应对气候变化国际合作，成为全球生态文明建设的重要参与者、贡献者、引领者。

在2013年美国页岩油（气）蓬勃发展之时，很多人的眼光不是关注页岩油（气）的巨大前景和即将非国际油气市场带来的冲击变化，而是盯在一些用传统油气生产观点来看违背经济规律的事情上，并没有了解页岩油（气）截然不同的生产特点和经济模式，就草率地提出了"页岩油气阴谋论"，认为美国到处兜售页岩油气，是企图吸引资金进入页岩油气行业，以帮助自己解套，而这种观点居然大行其道。结果是，美国立足自身战略和经济驱动下的页岩油气革命，最终掀起了国际油市的滔天巨浪，给了阴谋论者狠狠的一记耳光。

自2014年国际油价暴跌以来，油价每一次大涨大跌，欧佩克成员国每一次减产或者不减产，地缘政治的每一次军事行动，国家关系每一次重大变化，能源新品种的每一次出现……都会带来阴谋论的解读，单个都能自圆其说，但放到一起确实矛盾重重，漏洞百出。这些观点的谬误之处在于，它们严重低估了许多政治和社会行动的随机性和意外后果，轻率地认为复杂事件是在一种人为控制的精密系统中毫无偏差地运行。

要了解能源世界的真相，更真切地把握能源的变化和发展，需要我们从一些虚幻的想象和不真切的神话中抽离出来，在真实世界中把握能源世界的本来面目。只有从陈旧的理念和虚幻的想象中突围，认识到这些观念当中的不合时宜和有所偏颇，进而树立新的思维和眼界，人才能真正做到"用观念打败观念"，成为观念的主人而不是奴隶。能否摆脱这样的妄想、错觉，避免不明智的政策，考验的是人的智慧，还有真诚的勇气和一个社会的理性程度。

作为隐喻的能源

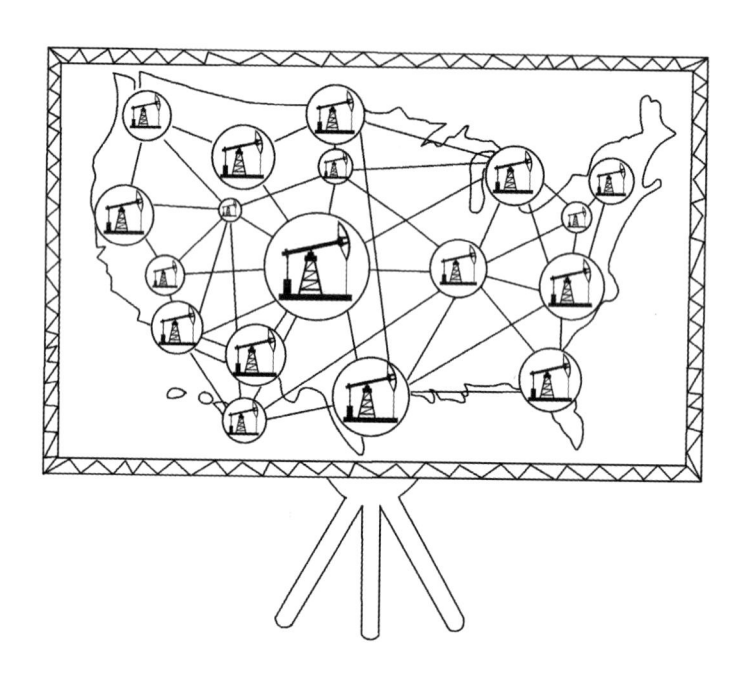

当世界发展到能源和全世界的命运攸关,无论美国、中东、还是其他任何一个国家,都把能源放在极重要的位置,各种战争、制裁最终的指向也往往是因为能源。源自生活又高于生活的文学艺术作品自然少不了这方面的题材。美国"镀金时代"留下了经典作品《石油!》,日本科幻小说《油断》让人印象深刻,20世纪的诸多电影里,也有多部让人印象深刻作品,以能源为讲述对象,或者将能源作为其中的重要艺术形象。

你可能看过《深海浩劫》，为剧中墨西哥湾原油泄漏事件这一灾难而叹息，为石油钻井平台上的工作人员在特大事故中的生死经历而感喟；也可能看过《辛瑞那》，它以石油工业为切入点，展现出牵扯世界的内幕真相。还有《黑金》讲述了30年代早期两大阿拉伯酋长因石油而起的斗争，科幻电影《绝世天劫》，描述了这样的情景：当巨大的陨石正朝地球方向飞来，即将撞上地球时，为了阻止陨石造成人类的毁灭，身负重任的钻井工人登陆陨石的表面，并钻洞贯穿至陨石的地心，放入核弹引爆，使之在撞上地球之前就先在太空中毁灭，石油工人成为太空人及救世英雄。《能源告急》记录油价高涨、全球变暖和世界对能源的无止境的需求，引发人们的忧思。

在这些代表性的影视作品中，能源既是一种实体，也在很大程度上成为一种隐喻，它象征着财富，也指向阴谋和斗争，它打上了庞大的工业文明的烙印，也代表着风险和危机，甚至涂抹上诸多人性的色彩。作为隐喻的能源，一方面揭示了部分事实，成为引发思考的契机；另一方面也因为隐喻本身的特点，而不可避免地给事物带来了遮蔽和扭曲，无形中参与塑造了关于能源的"刻板成见"。

如果要选择一部电影了解石油，以及石油在人们心目中的"刻板形象"，著者愿意推荐的是《血色将至》。这篇影片改编自美国作家厄普顿·辛克莱的小说《石油！》，以石油商人丹尼尔的奋斗史为主线，用白描手法诉说了一个震撼人心的故事。丹尼尔·刘易斯的精彩演绎，使影片无论在视觉上还是内涵上都堪称经典。影片灰暗的色调预示着混乱的年代，死亡衬托着被撕裂的人性。而血腥暴力并不是导演想要表达的内涵，这是一场关于灵魂堕落与人性的探讨。

影片一开始，矿井下不断被特写的吊架和狭窄陡峭的洞口给人惊心动魄的紧张感。这片土地下埋藏着石油——那个年代，乃至这个年代，人类文明前进的必需品。为了追逐梦寐以求的富裕生活，丹尼尔和儿子来到了这个小城镇，在他富有煽动力的演说背后是孤注一掷的淘金梦想，他看似和善的外表掩盖了所有的野心。他为了达到目的而不择手段，编造了一个亲情故事来骗取同情。终于丹尼尔在这个镇上站住脚，与受骗的群众签订了他们那不等值的土地使用权协议，他赢得了这场游戏的开始。

他们的命运被改变了，随着开采探井和石油的发现，渴望的财富伴随着石油疯狂的喷涌落入囊中，丹尼尔成为有名的石油大亨。该影片向我们翻开了20世纪初美国的石油开采史，野心勃勃、道德沦丧、阴郁自私、狡猾无情，你所能想到的贬义词都能在影片前半部分找到影子。

危机和阴谋也悄然而至，再精明的商人也会有内心崩溃的时候。自称兄弟的人投靠了丹尼尔，其实只是为了贪图自己的财富。儿子H·W在事故中失聪，更使丹尼尔内心孤独无助。心里隐藏的恶魔得到足够多的养分，已经苏醒过来，而丹尼尔却无法抑制这份孤独，尽管他表面上已经取得了成功。

如果说丹尼尔是恶魔，那么谁是天使呢？保罗出现了，一个和蔼可亲的传教士，在那个年代，教堂和石油一样权威。然而，世上本无上帝，也无他的使者，保罗不过是一个道貌岸然的金钱追逐者。连一个传教士都失去了信仰，又怎么能够谴责一个商人失去了道德？最后冲突和矛盾到了无法调和的地步，丹尼尔击杀了保罗，怒不可遏地将他和石油埋在一起。毕竟他已经没有什么可以失去了。

和儿子H·W渐行渐远乃至决裂的时候，丹尼尔彻底被自己的欲望吞噬了，他愤怒咆哮，说出了秘密——H·W不过是自己的养子。血缘亲情是他内心的慰藉，丹尼尔和H·W是在那段艰苦日子里互相依靠的人，而H·W丧失听力，沟通困难，夺去了他感情上最后的寄托。此后他空虚地待在自己的庄园里，他已经得到了自己想要的东西，但也失去了所有珍贵的东西。

这是工业革命时期石油故事里一个普通悲剧，却折射出人类文明进步的壮观和哀伤，丹尼尔身体里流的不是鲜血，而是纸醉金迷年代的漆黑石油。丹尼尔那目无一切的空洞，赤裸裸的暴烈气质，使自己陷入了无休止的战斗。他一开始其实是个善良之人，在追逐成功的过程中一步步扭曲了人性，把内心的戾气像石油一样燃烧到极致。种种残酷摧毁了丹尼尔的一生，他只能戴上面具掩饰自己的内心，摆脱不堪回首的过去。

英文片名 *There Will Be Blood* 可以理解为多种意思，所有金钱的原始积累都是附带着血腥肮脏，在这条追逐未来的道路上，梦魇将尾随血色缓缓降临。这印证了马克思在《资本论》中论述资本原始积累时说的经典名言："资本来到世间，从头到脚，每个毛孔都滴着血和肮脏的东西"。抛开20世纪初大社会环境的设定，丹尼尔因石油而改变的人生才是本片的精髓，也许这一切已经从电影开场那个钻井架下看到石油时眸子里的疯狂贪婪埋下了伏笔，这个功成名就的交易注定要失去幸福的意义。

在影片中，石油工业诞生之初的粗放状态，让人印象深刻。在100多年前的美利坚土地上，成片的石油喷井常常拼凑成壮观的画面。油井出油时的冲力几乎把工棚掀翻的场景，也一定会让人深深震撼。这些历史画面，见证了人类油气开发、利用能力的巨大进步，石油的大发现，推动运输、储存方式的进步，也带来了人类交通运输的革命性进步和石油化工业的发展，造就了我们今天这样的生活。而在所有的进步发生时，影片《血色将至》也在引发人们的思考：我们如何避免人性的退步？有如维吉尔那句哲学式的提醒："我们将在何处陷入歧途？"

V

PART FIVE

第五部分

共生之道

"以人为本"的能源观

自从莎士比亚在他的戏剧中写下那伟大的台词,人们就知道,人是万物的尺度,乃万物之灵长。人类通过一代又一代的智慧积累,将文明形态与自身的自由解放推向了更高层次。因此,能源转型首先需要考虑人的问题。人是一切的根本,是目的而不是手段。能源转型的本义,就是尊重人的价值、追求人的幸福、实现人的自由。

人类与能源的关系,从本质而言,是为了满足人的根本需要(不仅包括物质的,也包括生态的、精神的需要),也需要依靠人来创造、推动和修正。从这个意义上说,人类智慧本身就是一种巨大的"能量",如果将这一"能量"转化为以能源产品和技术、能源使用方式、能源效率等为表象的能源形态,那么智慧本身就成了最重要的能源。而在其中,智慧最重要的体现形式是建立正确而有利于人类发展的能源伦理。

为了消减其日益严重的负面影响，能源可持续发展的基本框架已经应运而生，可持续发展作为人类重新认识人与自然的关系，谋求人与自然和谐相处、协调发展，是引导能源合理利用的重要思想基础和行为模式，但不能从伦理层面为能源可持续发展提供一种与时俱进的新的理念支撑，是可持续发展收效甚微的根本原因之一。

为此，人类需要建立一种以人为本的能源伦理。生态系统的每一构成者都具有内在价值，因此，能源作为自然生态系统的构成者也应纳入伦理关怀的范畴。在这样一种以人为本的能源伦理中，人的价值与自然的价值都得到充分尊重，在人与自然的相互善待中，人类才能真正实现可持续发展。

能源的使用是为人类服务的，人是利用能源的主体，也是推动能源进化的最活跃因素，用能源作为借口来遏制人的发展权利和需求是不可取的。但这绝不等于把人作为能源的统治者来看待，片面认为人类是权利的唯一主体，而自然万物和环境只是被统治者和人类权益的客体。显然，在这种价值判断基础上形成的能源伦理，在本质上无法真正珍惜能源和保护自然环境，更不用说对其他生命体施以道德关怀。

新的能源伦理需要从价值上摆正人与自然、人与能源的关系，在人与大自然之间建立一种新型的伦理情谊，这样人类才会从内心深处尊重和热爱大自然，也只有这样，能源危机和生态失调问题才能从根本上解决。这种新的能源伦理基础和核心是人与能源的协同进化，其实质就是尊重能源，将人与能源的有机整体论作为一种新的世界观和价值观。这并不是矮化人的作用，而是真正体现人的自由意志和主体精神。

在自然界面前，"人"字有两种写法

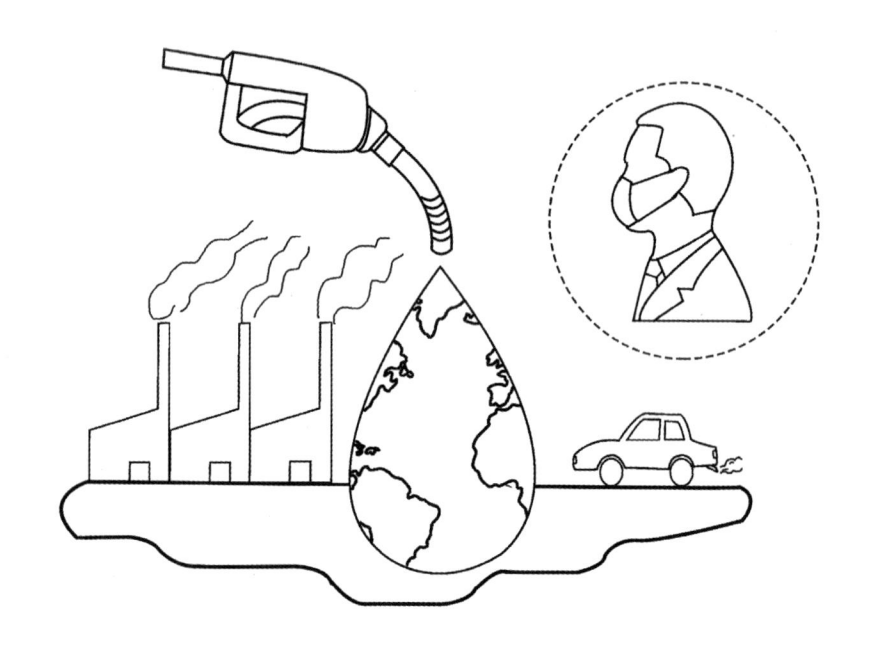

能源资源的过度开采不仅带来了可利用储量的不断减少，而且造成生态环境的严重污染。要解决环境生态和能源资源困境，我们首先应该意识到，人类的命运好坏，取决于人类对自身、对环境、对他者的态度。在自然面前，"人"字有两种写法：一方面，高扬自身价值和主体性，改造自然和世界；另一方面，更要看到自身的局限性、与自然环境的相对性以及生存环境的封闭性，只有尊重自然，顺应自然，追求可持续发展，环境危机和生态失调问题才能从根本上解决。

人类中心主义的退场

从人类脱离母系社会以来，人们已经摆脱了对于自然的迷信，自然界成为人们征服的对象，而不是需要加以保护的对象。由于人类社会的发展、科技的进步都是基于这一意识而获得的，以至于没有人会去怀疑它的正确性。

这样一种人类中心主义伦理价值观，将人类作为地球万物之首和地球统治者来看待，认为自然万物和人类生存的环境只是作为被统治者和人类权益的客体。显然，在这种价值判断基础上制定的能源发展思路与环境保护理念格格不入。工业革命以来，在经济决定论、人类中心主义逻辑下，世界各国特别是西方发达国家不加节制地滥用能源，造成人与能源的伦理关系极不和谐，给自然环境带来连锁性的伦理负效应。能源紧张与环境难题，犹如一面镜子映照出了人类现代文明的病态。

越来越多的人意识到，人类社会面临工业文明的危机与困境，需要一场生态文明的兴起来加以救赎。除了处理好人类内部的关系，还必须处理人好与自然的关系。在全球环境危机和生态文明理念的促进下，当代人类的伦理观正从人类中心主义向生态中心主义方向转变。从历史的角度看，伦理关系经历了从最初的血缘关系扩展到亲缘关系，再扩大到种族、国家及全体人类的历史发展过程。然而，传统伦理学就此止步了。可持续伦理学则试图把权利和义务关系赋予非人类的物种、自然物和整个生态系统。

在可持续伦理学看来，人与自然伦理关系的确定，有助于结束人与自然数百年的敌对状态。可持续伦理学试图用道德来约束人对自然的行为，表面看只是伦理的边界扩大，但实质上蕴含着一场观念上的革命。在可持续发展的时代，能源对经济、社会和环境目标起着重要作用。人类需要摆脱以地球资源无限为理论预设、以物质比拼为核心的传统发展观，建立一种与自然共生的价值观，而能源作为自然生态系统的构成者，也应纳入伦理关怀的范畴，其内在价值应该得到充分尊重。

能源已不是简单的经济问题，而是一个文明、道德和伦理问题。美国海洋生物学家蕾切尔·卡逊在《寂静的春天》中的一段话令人深思："'控制自然'这个词是一个妄自尊大的想象产物，是当生物学和哲学还处于低级幼稚阶段时的产物。"从"控制自然"到"遵循自然"，是人类文明从工业文明向生态文明转变进程中的一种伦理觉悟，为人类超越能源困境提供了可能。在可持续能源伦理建构过程中，中国古人提出的"赞天地之化育""天人合一"等哲学思想，可以作为新的能源伦理的有益思想资源。

追求能源的可持续发展

能源问题关系到人—自然—社会系统的可持续发展和人类文明的延续。毫无疑问，未来能源发展的核心应该是可持续发展。能源可持续发展观的提出与实施，实际上是从传统的能源发展模式转向现代能源发展模式，不仅要认识到能源的经济价值，而且要认识到能源的生态价值。这种转变要求我们在人与能源资源方面，保持能源资源的永续利用；在能源与环境方面，要构建能源与环境的和谐；在经济与社会方面，提高生活质量，使资源、环境、人口、经济、社会五大系统共同进步，协调发展。

建立并优化生态伦理，是生态文明建设的必要前提。有了良好的生态伦理，才能将生态文明的理想转化现实，实现人与生态环境的持久和谐。生态文明的核心是人与自然的和谐发展，这是人类超越能源困境的必然路径，用社会伦理代替能源经济主义，将是能源变革的最终路径。可以说，能源可持续发展正是人类追求的美好理想境界。

在能源可持续发展中，环境与能源不相矛盾。在现代能源生态环境系统中，能源可持续是基础，环境可持续是条件。现代能源生产和消费活动不仅涉及一次能源资源的开发利用，而且涉及包括土地、水资源、大气、环境等公共资源的占用和再分配，不仅强调开发和利用系统自身的平衡状态，而且更强调资源开发和利用与生态环境的和谐平衡。

人性的根基深植于自然之中，我们深深地受惠于自然，也将永远地受制于自然。生态文明是一种长久可持续的社会文明形态，新的能源生产和利用方式的革命，将使人类与自然界建立一种和谐伙伴关系。人类不再盲目向大自然摄取资源和排放废弃物，肆无忌惮地破坏地球生态圈循环，而是重新回归地球生物圈生态系统中的应有位置，使经济社会发展与自然生态环境有机地融为一体。

科技解决环境问题的有限性

科学技术是第一生产力。有人认为，随着科技的进步，劳动生产率的提高，单位资源的利用率必将大大提高，对资源的消耗必将大大减少。信息技术的进步，也将提高人类对知识信息的更多使用，从而减少对物质和能量资源的消耗。这些观点有一定的道理，科技的发展确实能拓展人类能源利用范围，提高能源使用效率，但是，科技在解决环境问题上存在限度，人类在面对资源环境的严峻性时，需要克服对科技的盲目乐观。

人类仍然处于现代自然资源经济时代，对自然资源的大量消耗不可避免。未来的知识经济时代，知识的应用提高了劳动生产率和资源的利用率，但是这并不一定意味着减少资源利用量。知识的进步增强了人们认识和改造世界的能力，也使人类开发利用资源的力度、广度、深度、速度加强了，也就是意味着资源消耗增加了。况且世界人口的增长、经济的发展、生活质量的提高、消费社会的扩散，人均资源消耗的增加必然导致世界范围内资源消耗总量的增加。从宏观的角度分析，我们无法肯定人类未来的资源消耗必将减少，科技进步也不能使有限资源无限化。

虽然科技的进步可以延缓不可再生资源的使用年限，可以寻找到替代原有资源的新资源，可以增加可再生资源的数量，但是不能改变人类对资源需求量的日益增长，不能改变人类对资源日益强烈的需求渴望。科技的进步所减少的资源消耗量远远不能弥补人类出于物欲对资源需求的增加量。产生环境资源问题的原因，归纳起来有人口、政治、经济、文化伦理等几个方面，科技进步无法彻底解决由其他问题引起的环境资源问题。如果没有消费社会物质欲望的减少、生活方式的改变、国际经济秩序的重建和人口的稳定，人类就不能拯救地球。

我们还应该认识到，科技应用本身会产生新的环境问题。因为从科技开发和利用的目的看，它主要是为经济服务的，而不是为生态环境服务，这必然导致科技发展应用的经济合理性和保护生态的不合理性。甚至我们可以说，今天所有的环境问题都是由于科技发展而导致的。虽然人们为解决环境问题而发展了环境科技，但是，环境科技不可能涵盖以及超前于科技的发展和应用，它本身也不可能完全解决由科技引起的环境问题，由此将形成一个产生环境问题、解决环境问题、再产生环境问题、再解决环境问题这样永无止境的过程。

科技应用对环境的影响具有延迟效应，这种现象广泛存在于科技应用对自然的破坏上。如农药DDT是1874年合成的，1939年人们发现它具有杀虫特性，1942年投入生产使用。在使用的很长一段时间里，它对环境和人类的影响没有表现出来。直到20世纪50年代，人们才发现它对环境和人类会产生危害。这种延迟效应，使人不能在短时间内意识到它的危害，增加了人们认识其环境负效应的难度，也增加了采取措施控制其破坏性的难度。

虽然随着科技的进步，科技应用于自然、获得自然资源和生产新产品的成本在逐渐减少，但是，新技术的作用越显著，那么它潜在的环境负效应可能越严重，要去逆转相应的过程就越困难。例如，随着对不可再生资源的开发利用，存在于自然中的一些资源如金属矿石的含量就要减少，从而导致从矿藏中提炼金属所需的能量急剧增加。在这种情况下，生产同样多的产品需要更多的能源和产生更多的废弃物。而且，随着环境标准的提高，对废弃物的处理成本越来越大。由此可见，科技对环境的影响，还与科技改造自然和保护自然的成本有关，这也是科技进步不能完全解决环境问题的一个重要原因。

科技与伦理双轮驱动

认为科技不能完全解决环境问题，并不是要否定科技的作用，而是提醒人们对科技不要过于迷信，在有效发挥科技能力为人类服务的同时，注意和防止科技的副作用。

科技在解决环境问题的过程中仅仅是工具，它们能否应用于环境保护、怎样应用于环境保护，是由社会的政治、经济、文化价值观念决定的。从这一角度看，如果人类仍然抱着征服自然的态度，在一个有限的星球上进行无限的物理扩张，就必将导致生态环境危机。相反，如果人类让科技服务于可持续的目标，则科技可以帮助人类建立一个可持续发展的社会。

过去在市场经济条件下，生产的内在逻辑是追求利润最大化，经济人对"个人利益最大化"的追求，使得他开发使用能带来更大剩余价值的技术。而在新的理念下，可持续发展依赖科技和伦理的双轮驱动，最好的技术是既能带来更高的剩余价值也能带来更好的环保效果的技术，它应用于生产既可实现经济合理性，也可实现"生态合理性"。

但在现实中，可持续技术并不是依据市场经济逻辑开发的，往往在经济上并没有优势。因此，生态文明的实现，有赖于人们超越单一的经济逻辑，强化生态伦理对科学技术的选择和限制规范作用，推动科学技术朝有利于人与自然协调可持续发展的方向迈进。人们应该明白，科学技术是多种多样的，要对其进行价值选择。而在所选择的标准之中，重要的一项就是生态价值。

科技解决环境问题是有限的，科技应用于环境保护需要有政治经济制度和文化价值观念的保证。尽管科学家和技术人员的工作对于解决最紧迫的环境问题是必不可少的，但是，环境问题是社会实践的结果，它们是典型的社会问题。如果我们不从社会、文化等角度加以理解，并与相应的制度结构结合起来考虑，那么，环境问题的解决注定很艰难。

能源作为一种素养

能源本来是个宏大而复杂的经济命题，与普通大众似乎没有太直接的关系。但随着能源越来越深入我们生活的每一个方面，随着中国经济社会快速发展并成为能源消费大国，能源问题也迅速迫近了我们的日常生活。能源素养，这个几乎从来不为人所关注的话题，也开始进入我们的视野。

何谓能源素养

简单而言，能源素养即普通大众所掌握的能源知识，对能源与社会其他领域以及能源与自身关系的理解，善用能源的态度和知识以及提高能源使用效率的能力等形成的综合素养。一个具有较高能源素的人，能够在正确认识和了解能源的基础上合理使用能源为自身服务，同时能够正确地、建设性地享用能源资源，推动社会进步。因此，一个社会总体能源素养的高低，对于提高整个社会的能源合理使用程度、使用效率和使用收益有很大的影响。

作为一个整体概念，能源素养至少包括3个方面的内容，即认知模式、理解模式和能力模式。知识模式，就是公众所具有的对能源基本知识的了解，包括能源的分类、不同能源的特点、能源的生产转换使用过程等方面知识及其构成的知识体系，其侧重点是对客观事物的认知。理解模式，就是公众正确理解能源与环境、能源与经济发展、能源与自我行为等方面的关系，侧重于对能源与其他事物深层关系的理解。能力模式，指公众在现有条件下更加合理有效地利用能源的能力，侧重的是个人行为与能源之间的互动关系以及相应的行为调适。

从能源发展历史来看，知识模式的能源素养是伴随着能源品种的不断丰富和技术进步而不断变化的。例如，一个生活在石器时代的人不可能懂得电的知识。理解模式的能源素养，随着人类经济活动的复杂化而相应变化，例如，一个生活在工业革命之前的人不会懂得今天能源国际化的特点，也不会懂得能源与经济发展及环境保护之间的复杂关系。而能力模式则是能源素养的根本属性，它贯穿人类能源使用活动的始终，从某种意义上说，正是它驱动着人类不断寻找和创造新的能源，以满足自身的需要，但随着历史条件和经济社会环境的变化，由于社会分工的日益细化以及知识的区隔等因素，人类的这一能力并非不断增强，反而是在不断退化当中。

有人可能会问，难道一定是能源消费得越少，能源素养就越高么？这就需要准确理解能源素养的内涵，它主要是指在追求生活品质的时候，更合理地使用能源，实现个人与社会的双赢。这里需要区分能源素养与能源公平的关系。当今世界在能源使用上，富国与穷国之间依然存在巨大的鸿沟，同一个国家的穷人与富人在能源使用量上也存在较大的差异。因此，能源匮乏与能源素养不是一回事，提倡能源素养也绝不是说简单减少能源的使用，而更多的是指提高能源使用效率和综合效益，使有限的能源更好地为人类造福。在某种意义上，如果安于能源贫困，不能更好地开发利用能源，也是能源素养不高的一种表现。而一个能源素养高的社会，在提高能源使用效率的同时，还应该不断促进社会的能源公平。

工业时代的社会症结

人类一直渴望得到更丰富、更高效的能源，这是人适应自身环境和追求物质进步的本能使然。在一定的投入情况下，获取更多的能源回报，这是人与生俱来就有的朴素的能源意识，是一种潜意识的"成本收益分析"，它从深层次支配了人类的生产生活和对能源的理性选择。例如，在过去的几千年里，人们在节约能源上一直是非常在意的,因为在生产力不发达的情况下,无论是使用薪柴、煤炭甚至牛粪,都需要付出昂贵的成本。在成本收益理性支配下,人们会自觉地具有节省能源的动机。

但到了大工业生产条件下,人们与能源的关系从直接变得间接,由集能源生产与使用于一身变成单纯的能源使用者,不再直接接触能源的生产过程。人们既不知道生产能源需要付出多少成本,也无法直接感知节约能源能给自己带来什么好处,原来那种成本收益分析的激励机制失效了。即便人们从抽象意义上知道节约能源有利于全社会的福利,但出于"搭便车"的心理,也不会有强烈的动机真正付诸实践。特别是到了20世纪中叶,由于全球石油经济快速发展导致的石油充足而且廉价,人们关注的重点很自然地从少使用能源转向获取更多的能源。

在20世纪70年代石油危机带来的冲击中,欧美、日本等国家和地区都在提高能源效率和节能上取得了巨大的进步,1974—1985年,美国的能源密集度每年都下降3.5%以上。但随着危机结束和石油价格下降,消费者觉得没有节约能源的必要了,努力节省能源的道德和责任似乎已经完成了历史使命。在社会层面,盛极一时的节能运动逐渐偃旗息鼓,因为从理性"经济人"的角度,节能不再像过去那样划算。由于能源价格回落,经济发展,消费者手中的可支配收入增加,能源成本在企业或家庭开支中所占的比例越来越小,从而对更加高效地使用能源产生不了多大的刺激作用,原来那种让人们自觉节约使用能源的激励机制消失了。

由于社会分工的细化和生产体系的复杂化,消费者对能源经济背后的利益关系的认知能力在弱化,即使是受过较高教育的消费者对能源生产使用也了解甚少,没有人清楚地知道自己一天使用了多少能源,其价值如何。这样一种类似"能源盲"的文化,使人们对如何正确而高效地使用能源缺乏切身的感性认知。由于能源素养不足,消费者极少考虑使用能源的成本和回报问题,从而带来很多不理性消费行为。例如,虽然单一设备和产品的能源消耗在大幅降低,但人们为了追求生活质量,使用的能源反而更多了。照明系统越来越复杂,电视越来越多且屏幕越来越大,汽车也越来越耗油。结果是,能效技术越发达,能源使用越多。

懂得有节制地使用能源,合理节约能源,只是能源素养的一部分,但从这一个侧面也可以看出,随着社会的进步和经济的发展,社会整体上关于能源的知识越来越丰富,但个体层面对于能源的直接了解越来越少,合理使用能源的动机越来越弱。我们也可以把这看做全社会能源素养逐步退化的一个缩影。

现代社会大众整体能源素养不高的原因是多方面的。从行业特点来说,能源是垂直性行业,且有一定的专业壁垒,具有相对封闭的特点,大众对能源行业的知识获得相对较难,难以了解能源的生产流程以及能源与自身的关系。从社会管理角度而言,政策对于促进企业和公众在提高能效等方面的激励不足,对于高能源素养在经济行为上的正面反馈不到位。从文化教育方面来说,整个社会文教体系对于能源知识的传授和能源素养的培育总体缺失。从消费行为角度来说,大众在使用能源产品时缺乏更为直观的认识,加之社会上流行的消费主义文化带来的攀比性、炫耀性消费,使消费者难以把合理使用能源作为选择消费行为的一个参数加以考虑,而且终端使用者作为被动的买受者,基本上没有议价空间。同时，因为总体能源消耗的支出在家庭总支出中的占比较少，对于边际价格的不敏感，导致消费者很难对自己的消费行为进行理性的估量。

被浪费的能效红利

能源素养不高的危害很难用肉眼直接看见，也很难被人们所关注，但不论是从发达国家走过的路来看，还是着眼于中国当下现实，都可以看出，这一现状导致的结果是，能源生产和使用相对粗放，社会总体能源使用效率和效益有待提高。"能效红利"无法得到充分利用，进而在能源生产者、政策制定者与能源消费者之间难以形成良性的互动关系，从而影响了全社会对能源环境等资源的有效配置，降低了全社会的总体福利。

能源与经济发展的密切关系产生了能源依赖定律，即一种能源越能带来便利，效用越高，使用就越多；用得越多，对它的依赖就越深，其边际效应就进一步递增。满足能源需求的途径：一是增加供应；二是提高能效。从石油发展史上看，从1973年的石油危机到1986年的石油市场恢复稳定，经历了一个周期循环过程。由于石油危机的冲击，世界经济在20世纪70年代出现两次重大衰退，直到1985年欧佩克成员国提高石油产量，以及在美国阿拉斯加州和位于大西洋的陆缘海——北海发现大量石油才缓解了市场压力。不过，这些并非促使危机转折点结束的主要原因，真正原因在于各国在需求面采取的行动。许多工业化国家实施各种政策迫使公用事业、企业和消费者节约能源，购买能效更高的交通工具；强制工业厂商提高燃油效率，大量兴建煤电厂和核能电厂以压缩石油发电的比例；兴建液化天然气基础设施，逐步提高天然气的比重。尽管采取了这些措施，石油市场实现再平衡仍然花了15年时间。

在解决能源短缺带来的困扰时，提高能源效率起到了很大的作用。与几十年前相比，各种设备只需用一半的能源就能带来同样甚至更多的产品或服务；在1975—2000年，美国经济增长了50%，而能源密集度（生产1美元GDP所耗费的能源量）降低了40%。即便如此，这些成绩比预想的还有很大的距离。美国能效倡导者埃默里·洛文斯在《永远的能源》一书中写道："这个国家的轻型车队每加仑燃料节省2.7英里的效能就会完全取代从波斯湾进口的石油量。"根据洛文斯的观点，单是美国通过提高能效所能节省的能效资源，就比现有的油气储量还要多，而且这么做的成本要远远低于石油的平均市场价格。

随着技术进步和经济结构转型，提高能效本应在缓解能源短缺、降低环境污染等方面发挥重要作用，特别是中国目前总体的能源效率处于较低水平，更应该把提高能效作为一项重要工作。但由于能源素养的不足，提高能效却一直没有引起人们的足够重视，或者缺乏正确的路径和方法，以至于它无法发挥应有的巨大作用。这样导致的直接后果是，在各个层面上，能源浪费现象比比皆是，让人触目惊心。在能源的全生命周期中，从生产、转化、运输、使用的各个环节，都存在大量的能源浪费。由于能效改进的速度总是赶不上消费增长的速度，"能效红利"在不理性的消费行为、企业商业行为以及政策导向等多种因素下被可惜地滥用了。

能源消费的外部性

近些年来不断冒出的抗议PX（对二甲苯）项目、抗议核电站的"邻避运动"，其中固然有政府公信力不足、企业对公众宣讲不够等原因，但也和公众的能源素养不高有一定关系。一方面是公众对PX、核电本身的妖魔化，既缺乏事实依据，也没有科学论证，完全是一种情绪化的表达。另一方面，也因为公众的能源素养不高，找不到能源发展过程中自己真正的利益点所在。由于不能把能源设施建设与合理维护自身利益、促进社会能源发展综合起来考虑，往往扭曲环境的合理定价，降低了邻避运动对环境保护的正面作用，反而带来风险性和破坏性。

邻避运动从本质上说，是分散的居民通过联合从而增强自身在环境议价中的力量的过程。从理论上来说，一个地区兴建污染项目所产生的环境价格，是由当地居民权衡收益和损失后决定的。邻避运动通过集中表达居民的环境诉求，增强了其在环境市场中的议价能力。从保护居民利益的角度而言，邻避运动有其积极意义，但民众由于信息不对称、对自身利益评估不完全以及理性定价激励的缺乏，对环境资源的定价容易受到环保宣传、群体性恐慌蔓延等外力扭曲，从而使邻避运动偏离了环境议价的正常轨道，走入了死胡同，其结果是社会总体福利和居民实际利益的双输。

能源的生产和消费是一种经济活动，会产生外部性。化石燃料大量使用导致资源消耗且不可再生，造成了气候和生态环境的损害，能源的生产、运输、消费各个环节都会产生外部环境费用，这些费用常常不能完全进入企业成本。

污染和稀缺有很强的经济外部性，但其影响往往被低估。污染制造者受到的惩罚与治理成本通常不成比例，稀缺资源耗竭的成本更是常常被忽略。正是这种外部性以及对它的漠视，在一定程度上加剧了当今的能源和环境问题。

能源资源一直被认为是取之不尽的公共物品，于是人们采取各种手段攫取能源资源，造成类似"公地悲剧"的局面。但事实上，资源与环境既是属于每一个人的，也需要每一个人加以保护，但由于缺乏明确的产权制度安排，每个人都不会将公有的资源与个人联系起来，从而导致能源资源无效率利用。能源环境状况不断恶化，人们在不知不觉中消耗和损害着属于社会其实也是属于自己的福利。

因此，能源素养的题中应有之义包括能源消费者在强调自由与权利的同时，其责任和义务也同样不可轻忽，即在满足自身能源消费需要的同时，为保护和改善生态环境，为生态化的能源消费模式，为实现良好能源消费秩序所应履行的社会责任。这除了需要消费者的道德意识和社会责任感，也需要通过制度设计来强化消费者的社会义务，提高能源使用效率，促进能源消费的外部成本内部化。

外部成本内部化必然会提高消费者的成本，那么重要的问题是，我们是否愿意为更干净的能源、更优美的环境付出更高的价格？如果社会大众能够合乎逻辑地理解这一点，就不会过分对能源企业充满偏见和误解，政府也不至于陷入一提价格改革就被指责为涨价的"塔西陀陷阱"当中。

告别"能源盲"

一种社会意识要成为全社会共识,需要一个漫长的过程。20世纪60年代出现的环境保护意识,经历了20多年才成为整个社会的主流认知,并对随后的全球经济社会发展产生重大影响。能源素养要被越来越多的人所接受,并成为一种主动的思想和行为,同样也不容易,它至少需要3个方面的推动因素:首先,社会要有这种强烈的需求。其次,需要社会各方面加以重视并付诸行动,通过政策层面的要求、经济层面的杠杆引导以及文化层面的教育和新型能源伦理建设等,使能源素养完成从抽象到具体、从粗略到完整、从理论到实践的转变。最后,在文化氛围、技术条件、社会机制上具备相应的条件。

从哲学上说,能源素养的本质是实现信息对能源的一种替代。如本书前面所说,要创造等量的价值,通过提高非物质性的信息投入,可以降低资源和能源的消耗,减少环境污染。在信息技术和智能技术突飞猛进的当下,通过在能源生产、消费各环节输入有效信息,通过自组织过程和信息化系统控制,可以有效地控制熵的增加速率,并将所节约的能源用于增加社会的能源供应。

这种信息既包括结构性信息,即能源生产流程中的知识技能、程序标准等,也包括流动性信息,即通过教育、媒体等渠道传播的或存在于大众头脑中的信息。在一个社会当中,关于能源合理使用的流动性信息越丰富,总体的能源素养也就越高。在信息越来越发达的情况下,随着智能技术、计算机技术、物联技术的飞速发展,这方面的信息在快速生长繁衍当中,从而能够有效减少各种信息的不对称，降低社会边际成本。

20世纪70年代石油危机的爆发，极大冲击了西方国家的经济发展，而日本由于自身资源缺乏、能源对外依赖度高，受到的打击更是沉重。当时日本经济企划厅官员堺屋太一出版了一本名为《油断》的小说，描述了日本石油进口中断之后的混乱景象：1个月后50%的企业倒闭，2个月内开始全国性的骚乱，半年内日本全国崩溃。事实上，这是刚刚处于石油危机中日本人心理的真实写照，让日本民众第一次感到依赖石油的危险和石油资源枯竭后的恐怖。这本书的流行即引起的关注，成为日本全国开展节能运动的发端。

大约从那时起，日本制定了综合能源政策，其中包括石油进口的多元化、开发新能源及大力推广节能技术。由于有着广泛的群众心理基础，这些节能政策一出台，便立刻得到了深感危机的日本民众响应，并演化出丰富多彩的民间节能活动。可以说，40年前，《油断》一书把"节能"二字深深植入日本民众心中，直到今天，"油断"一词还是日本的流行语。今天看来，《油断》是一个假想的社会寓言，但恰恰说明了有正面意义的信息传播对于社会所能产生的积极作用，它所倡导的居安思危的意识、节约能源的理念和方法，对于今天中国的政府和消费者都很有参照意义。

如今在欧美国家，也有一个被称为"能源达人"的群体正在兴起，他们比一般人掌握更多的能源知识，而且通过新的信息技术，对自己和他人的能源用品和用能行为进行有效的管理，并获取精神和物质上的回馈。一些调查显示，今天的能源消费者正呈现与以往不同的特征。例如，他们寻求捆绑式的解决方案，将各种能源产品及服务组合在一起，随时随地进行社会互动，积极融入不断延伸的信息共享生态系统中；他们在本质上把能源视为一种无处不在的商品，精通能源知识，熟知各种能源产品的来源、组合和环境影响等。从这里不难看出，信息化、智能化的发展，推动消费者的能源素养不断提高，也为全社会能源素养的提升奠定了基础条件，同时，对能源生产者如何满足消费者的崭新的、个性化的需求提出了更高的要求。

当今也是一个低碳化特征越来越明显的社会。低碳经济是工业化、信息化时代之后的后工业文明形态，不仅仅是一种产业形态，更是一种经济发展方式和文化观念，与工业化的粗放式管理不同，它的要旨在于通过现代组织方式和信息技术，将国家目标、企业行为与社会实践结合起来，使每个企业、每个家庭、每个个体都成为发展低碳经济、推动低碳变革的责任主体。

在信息化和低碳化双轮驱动下，提高整个社会的能源素养具备了更坚实的基础。低碳化的价值取向为新的能源伦理的构建提供了氛围，而信息技术的日益成熟为能源素养的落地生根创造了条件。从能源伦理的角度来说，需要更多的人意识到，个人不仅是能源环境问题恶化的被动承受者，也能成为能源环境良好发展的主动促进者。这需要我们不断改变生活方式，选择更低碳、更健康的生活。当每个个体都有了这种意识并能付诸行动，更多的人选择一种绿色、健康、环保的生活方式，节约资源，保护环境，就是为能源转型做出了自己的贡献。

从信息化的角度来说，除了能源生产和转换环节提高效率，在消费环节最需要做的是，如何利用信息技术，准确记录和测量能源使用过程中的"能源足迹"和"碳足迹"，使其更加直观化、可视化，使消费者能更直接地感知能源与自身的紧密关联，从而把用能与节能、个体与社会能更有机结合，并通过经济利益的反馈强化正向动机。从某种意义上说，这是一种向工业时代之前的能源使用状况的"返祖"。

提高能源效率，更合理地使用能源，是解决资源环境问题的一剂良药，但仅仅依靠消费者的责任是不够的，依靠政府干预也收效不佳。在这种情况下，人们需要走出能源经济学的一些误区，并非在能源价格高企时才需要节约能源，哪怕是出于自利动机，在更多的情况下，个体和企业都有动力在提高能效上下工夫。这种激励机制不只是提高能源的价格，而是体现在通过提高能效而节约下来的钱上面。在提高能效上所花费的成本如果使用得当，会远远小于节约下来的能源成本，在汽车、建筑、企业生产等能源经济的各个领域，都会有这种潜在的回报。

而对于能源使用者来说，需要转变一种观念，从过去主要关注能源的供应即需要多少动力，转变到最终用途上来，即需要什么样的能源服务，用同样的供应提供更多更好的服务，就相当于提高了能源使用效率。节约能源与其说是伦理责任方面的问题，不如说是经济理性的体现：如何从花费在能源上的成本中获得最大的收益，如何不使用更多额外的能源就能创造出更多的财富。提高节能的责任意识固然重要，而提高关于能源成本收益的正确理念，增强能源使用素养也同样重要。

在提高整个社会能源素养的过程中，政府、学校、企业和社会都承担着重要功能。学校、家庭和社会需要加大这方面的宣传教育，进行能源方面的知识渗透和素养培育，增强低碳意识、节能意识。政府需要在提高能源素养、合理使用能源方面加大引导、督促和监管的力度。企业除了增强提高能效的责任感、加大新技术的开发力度，能源企业还需要自我"祛魅"，架设起与公众沟通的桥梁，为提高社会的能源素养做出贡献。

跨越能源鸿沟

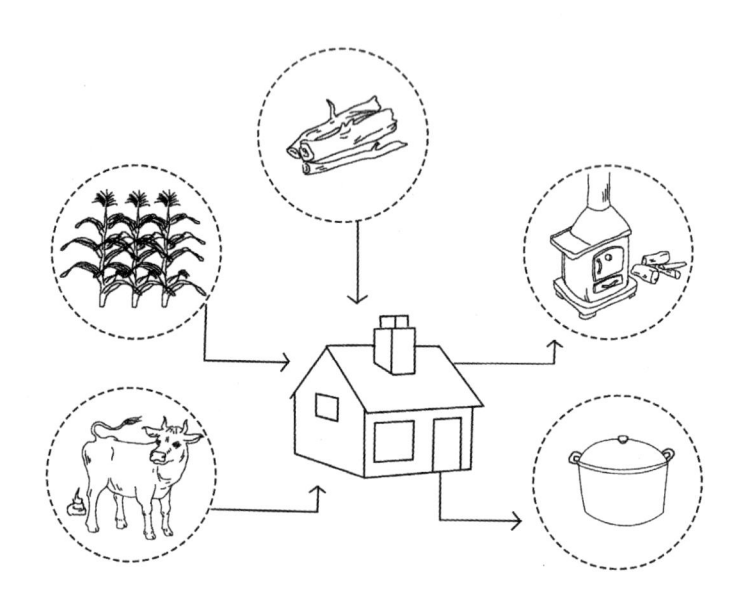

在全球化的今天，很多人享受着经济发展带来的便利和能源的富足，但容易被忽视的事实是，与此同时，也有很多人在经历"能源贫困"。在不同的能源使用水平之间，存在着巨大的鸿沟。要实现能源可持续发展，就离不开填平这些能源鸿沟所做的努力，以促进能源公平。

能源贫困的全球状况

"能源贫困"是指一些人群不能公平获取并安全利用能源，特别是不能获取充足、可支付、高质量、环境友好的能源的状况。能源贫困是世界能源体系面临的重大挑战之一，受到各大国际组织的高度关注。用能水平、用能结构、用能能力是度量能源贫困状况的重要指标。

由世界银行牵头、多家国际机构共同撰写的一份新报告指出，全球需要将每年的能源支出增加一倍或两倍（约为4 000亿美元），才能满足联合国制定的2030年全球实现清洁和现代电力的目标。目前，全球约12亿人口仍然用不上电，这相当于印度人口的总数；约28亿人口要依靠木柴、秸秆、动物粪便以及其他材料取暖和做饭。世界银行指出，除非解决这些能源贫困问题，否则实现清洁电力目标就是空谈，甚至此前做出的努力也将功亏一篑。

该报告直截了当地阐述了各国不忍面对却又必须面对的几个真相：

首先，全球人口猛增影响能源发展。虽然各国都在努力解决能源贫困问题，但是随着全球人口数量的不断增长，多国长期"无电"的状况实际上没有改变。1990—2010年，约有16亿人口获得了清洁的燃料和电力，但因为这段时期，全球人口数量增加了170亿，而且大多数生活在落后的国家和地区，所以供不应求的问题依然在扩大。专家认为，电力发展速度至少要翻一番，才有可能赶上2030年人口增加的步伐。

其次，飞速成长的发展中经济体问题更多。近10年来，中国和印度是亚洲发展速度很快的两大发展中经济体，然而两国均面临着能源贫困的挑战。目前，中国还有大量的农村人口缺乏取暖和做饭的清洁燃料。在能源效率方面，近年来中国取得了很大进展，但目前的能效水平仍然大大落后于多数发达国家。此外，雾霾等污染也成为中国快速发展过程无法忽视的问题。燃煤供暖、工业排放、工地扬尘、秸秆焚烧、汽车尾气等是引发雾霾的主要原因，而综合治理无比复杂。

印度则始终在和电力产业斗争，目前约有3亿人口无电可用，约7亿人口依赖木材和生物质燃料过活。自1990年以来，印度电网覆盖范围不断扩大，但2012年发生的停电事故，覆盖了印度一半以上的国土，直接影响6亿多人的生活，把印度电力发展中的问题暴露无遗。

再次，我们还可以看到能源稀缺国面临能源贫困问题，但眼下一些能源生产大国也无法为本国提供足够的燃料和电力。在非洲的石油生产国尼日利亚，8 000多万人无电可用，数量仅次于印度。尽管尼日利亚拥有非洲大陆丰富的已探明天然气储量，但由于缺乏生产和输送天然气的基础设施，大量天然气白白被燃烧浪费掉，同时却仍有1 000多万人依靠木材和生物质生活。另一个同样面临贫困的富油气国家是印度尼西亚，至今仍有1 000多万人无法享受现代能源带来的便利生活。

很多人认为可再生能源的发展能够缓解这种局面，但事实上，它们的贡献还不足以改变现状。在全球能源结构中，可再生能源占比约18%。世界银行指出，到2030年至少要达到36%才可能满足日益增长的需求，而按目前的发展速度，距离目标十分遥远。而且，一个不易被察觉的事实是，可再生能源让穷人更穷。以德国能源转型为例，自2000年以来，德国居民的生活用电电价翻了一番，目前德国居民生活用电电价平均约为36美分/千瓦·时，其中30%(11美分)是可再生能源附加费和生态税。在英国，近10年以来居民生活用电电价增长27%，目前电价达到22美分/千瓦·时，其中10%为能源与环境政策相关的附加费。相比之下，自2005年以来，美国居民的生活用电电价一直维持在13美分/千瓦·时左右。如果把居民能源开支占收入比例超过10%定义为"能源贫困"，英国能源贫困"达标"的居民从2003年代的6%增至2015年的20%。在德国，能源贫困户的比例在1998年为7.5%，到2013年已增至22%。

中国的"能源扶贫"

中国是世界上最大的发展中国家，人口众多，区域发展不平衡，与发达国家相比，中国的能源贫困问题更复杂、更有挑战性和多样性。改革开放以来，中国实现了人类历史上最快速度的大规模减贫，成为世界上最早实现联合国千年发展目标中贫困人口减半的发展中国家。然而，从能源角度看，我们仍然面临着十分艰巨的扶贫任务。

广大中国农村地区曾经由于能源贫困问题，不得不高度依赖传统生物质燃料，如秸秆、薪柴、动物粪便等烧水做饭。目前，这一现象在广大偏远山区仍然存在。由于用不起电力等现代能源，不少贫困农户为铲挖柴草、拾取畜粪耗费相当数量的劳力，家庭主要劳力尤其是女性，因此减少了从事非农业劳动增加家庭收入的机会。贫困家庭为了省钱平常尽量少开灯、少用电，家用电器主要当摆设，影响生活水平的提高。在农村偏远地区，由于电压不太稳定，贫困户家中的电灯功率较低、灯光昏暗，对学生的视力影响较大。由于电压不足，农户的农业机械带动不起来，也严重影响了农业生产和农民脱贫致富。而传统生物质燃烧释放的烟雾不仅容易诱发呼吸类疾病，还导致了空气污染问题。

改革开放以来的经济快速增长与居民生活水平迅速提高，使中国的能源贫困状况有了明显改善。但是，在全面消除能源贫困的征途中，中国仍然任重而道远。当前中国的能源贫困突出表现为能源贫困地区差异大、城乡二元化特点明显。与东部省份相比，西部和东北省份因消费低质量、环境不友好和不利于经济社会发展的能源而存在的能源贫困问题更为严重。相较于以电力等非固体能源为居民主要生活能源的城镇地区，农村地区能源贫困问题更加突出，能源消费结构呈高碳化和非清洁化的特征，主要体现为直接燃烧柴草等传统生物质燃料以满足家庭炊事和取暖需求。

能源贫困的改善有待于能源消费结构的不断调整，但目前可再生能源和清洁能源消费比重仍然较低。中国的资源禀赋特点使煤炭长期以来占据中国能源消费的主导地位，清洁高效和可再生资源如太阳能、风能，还未得到广泛利用。实现农村丰富生物质能的高效利用，以及在能源贫困地区加大风能和太阳能的利用，是能源扶贫需要考虑的重点。

能源贫困的负面影响不止于能源，而且引发了严重的健康与环境污染问题。根据世界卫生组织公布的数据，2010年，中国有104万人口过早死于由固体燃料导致的室内空气污染，占当年全国过早死亡总人数的12.5%。这与大气颗粒污染物造成的过早死亡人数（123万）相当。在能源贫困问题严重的广大农村地区，大量传统生物质能的燃烧带来的可吸入颗粒物，对居民尤其是妇女和儿童的身体健康造成极大危害。

究其原因，除了能源供给和基础设施建设、天气影响等方面的原因，经济贫困是制约能源贫困状况改善的主因。中国作为最大的发展中国家，政府在区域电网建设、改造升级和输送清洁能源的管道建设上的投入难以全覆盖。同时，较低的收入水平使得居民倾向于消费廉价、易获取的传统生物质能（尤其是在农村地区）。清洁能源成本高、难获得，使得实际上收入的提高并未根本上缓解能源贫困问题。

能源贫困制约经济发展，危害居民健康，阻碍民生改善。中国正处在迅速发展的转型阶段，不但面临发展中国家的能源贫困问题，也出现了发达国家存在的能源贫困特征（如可用于消费的燃料价格较高，居民为满足适宜的生存环境需支付的生活能源成本占比偏大，能源贫困群体无法利用有限的经济资源购买和享用基本能源服务，易产生社会隔离感，等等）。推进能源公平、减少能源贫困是我国现代化建设中需要认真加以考虑的问题。

针对能源贫困问题，需要统筹区域间能源供给关系，广泛吸收社会资本加快分布式新能源开发，加大中西部地区能源开发力度，加快新型城镇化建设，逐步缓解及改善中国能源贫困问题。统筹新能源技术和传统能源技术之间的关系，逐步实现现代能源对薪柴等初级能源的替代。还要注意的是，始终坚持绿水青山就是金山银山的理念，防止贫困地区以生态利益换取短期经济利益，避免在解决能源鸿沟的同时陷入生态鸿沟。

迈向低熵

人类依靠能源资源而生存，从自然界获取各种能量及动力，以满足人的各种需要。人与自然的关系归根到底就是人与能量之间的关系，人的所作所为无一不和能量有关。如果减少有用能源的消耗，就能减缓能源向低质量转化，这是熵定律带给我们新的启示。所谓低碳生活，其实就是低熵生活。而要走上低熵化的能源之路，除了人们的理念转变，也离不开能源体系的系统优化。

一种新的世界观

1972年,马萨诸塞学院的丹尼斯·米都斯带领着他的17人小组,向罗马俱乐部提交了一份《增长的极限》报告,对当代西方增长现状进行了批判。该报告表明,由于地球的资源、能源和容量是有限的,人类社会的发展与增长肯定会有一定的限度。这份报告的观点从今天来看尽管值得讨论,但其中依然有着有益的成分,足以引起人们对传统发展模式的反思和警醒。

就是在此背景下,1981年,美国人杰里米·里夫金和特德·霍华德出版了《熵:一种新的世界观》一书,用熵定律观察和预测人与环境的关系,认为在人类居住的地表环境中,熵值逐渐增长是一个不可逆转的自然内在趋势,特别是随着人类生产方式和生活方式的无节制发展,熵值增长会进一步加快,最终将引起人类生存环境全面崩溃。

熵定律其实就是热力学第二定律。热力学第一定律告诉我们能量守恒,但第二定律告诉我们,即使这样,物质与能量还是会沿着一个固定方向变化,即从有效到无效,从有序到无序,从有用到无用。从本质上说,宇宙万物是向着混乱和荒芜的方向发展,即世界的发展是一个熵增的过程。相比于主流的进化论而言,熵的观点可称为退化史观。它不再一味地把历史看做进步、上升、趋向美好未来的过程,相反,它揭示世界将因为有效能量的不断转化、消耗殆尽而最终走向"热寂"。

尽管有人对熵定律提出过异议,认为它有不科学的地方,但在人类的生存哲学、能源观念上,熵定律可以视为一个必要的假设:人类生存所需的高品质的能量越来越少，被消耗的能量对地表污染越来越大。熵的增加代表着有效能量的减少，减少的有效能量被转化成不能使用的无效能量，就构成了污染。从本质上说，污染就是世界上全部无效能量的总和。

事实也是如此，在工业革命之后的几百年里，人类一直对物质有着接近疯狂的追求，由此带来的是资源的加速消耗和环境污染、气候变暖等问题，导致环境濒临崩溃。这样一个不断走向"耗散"和"无序"的历史进程告诉我们，人类不应该毫无节制地向自然索取，而要懂得节约资源，保护环境。

当人类开始面对社会伦理、科学技术与整体世界观的重大变革时，意识到这一切变革的基础，就是摒弃已有的世界观，建立熵的世界观，重新过上节制的低熵生活，即"必需品的，而非奢侈品的生活"。而悲观的声音则告诉我们，人类几乎不可能主动去接受这种低熵的生活，只有当可用的资源消耗殆尽，现有体系接近崩溃，或者遭遇外力，才会另谋出路，寻找另一种生活方式。不论如何，由于熵定律的客观存在，即便人类不能幡然醒悟，最终也一定会被迫接受这种生活。

低熵世界观的精髓是以保存更多有效的资源能量为思想基础，最大限度地降低能耗。低熵生活方式就是返璞归真，过有节制的生活。人类应该尊重大自然的形成与发展规律。因为我们不再是世界的统治者，而是世界的看管者。人们自觉地认识到，占有多余物质财富也不能弥补世界宝贵资源的减少，我们拥有的越多，我们赢得的就越少。人生的最终目的不是满足一切物欲，而是达到同大自然统一和谐的境界。圣雄甘地说："文明的精髓不在于需求的增长，而在于有目的地、自觉自愿地放弃它们。"

能源的系统优化

熵增是发生在封闭系统之内的，因此，避免熵增的有效方法就是建立一个能和外界不断进行能量和物质交换的、流动的开放系统。这个开放系统的学名叫"耗散结构"，这是一位名叫普利高津的科学家提出的，他也因为提出这个理论而获得了1977年的诺贝尔化学奖。

流动的开放系统之所以能避免"熵增"，是因为在与外界的交换中，整个系统产生耗散，同时产生负熵。因此，在抵消的过程中，系统就能从原来转向无序状态的趋势转变为有序状态。这里面有两个最关键的条件：首先，这个系统必须不断地远离平衡，不能静止，不能沉寂；其次，这个系统必须是个开放系统，孤立封闭的系统是无法产生熵减的。由于信息是负熵，所以开放系统摄入更多的有效信息，更能促进有序性的增长。

无论我们愿意与否，能源系统的发展也需要追求低熵化发展。遵循耗散结构原理，在任何一个封闭的系统中进行能源利用方式的改进都是有局限的，只有在更大的范围内进行系统优化，才能提高能源使用的效率。例如，一个系统优化控制软件将创造巨大的能量。因为这一软件可以使以数十亿计的供电和用电的电器设备共同参与能源供需的协调优化，大量减少电力系统的负荷需求，使发电厂实现最优化的节能运行，并腾出更多的电力容量供应新的需求。

能源系统优化以帕累托最优理论为指导，以能源生产与消费为对象，建立能源系统的科学价值目标体系；根据能源资源的禀赋和能源市场发展，充分发挥市场配置资源的决定性作用，制定并实施更佳的能源量（总量）和不同能源比例（结构），体现时间进程和空间布局的方法和路径。

能源系统的价值目标体系，应该由"安全、高效、绿色、经济、便捷、和谐"六大目标构成。"安全"是指经济社会发展所需能源的持续可获得性和稳定性，包括能源资源充足性、可持续生产性及进口、运输过程的可靠性等；"高效"是指在能源活动包括生产、输送、使用、回用（回收）等全过程和全生命周期中，要不断提高能源转换利用效率，并高度重视挖掘节能潜力、减少浪费；"绿色"是指能源活动中要污染物排放少，对环境质量和生态的影响小，碳排放低；"经济"是指在达到同等质量和效果的能源目标下，付出的社会成本最低；"便捷"是指生产、运输、使用能源的方便性和友好性；"和谐"是指能源活动有利于投资方及各相关方的协调发展以及扩大就业、促进改善民生等。

我国正处在工业化中后期发展阶段，具有国土辽阔、能源资源分布不平衡、经济发展不平衡、生产力各种要素不平衡等特点，同时面临严重的环境污染和应对气候变化的严峻压力。这些具有差异性的特点，恰恰是系统优化发挥作用的基础、条件和空间。不论从发达国家的经验看，还是从我国能源利用的现状和现有能源政策看，能源系统的优化在经济、环境、社会等方面都潜藏着巨大的空间。

能源治理新秩序

作为人类生存和发展的重要物质基础，能源事关国计民生。当全球能源发展面临资源紧张、环境污染、气候变化三大难题时，推动全球能源转型，实现绿色、可持续发展，成为人类社会的共同事业。而这离不开一个公平有效的全球能源治理体系的构建。

全球能源治理呈现新契机

当前，新一轮能源革命蓬勃兴起，世界能源发展呈现出新的特征，有许多新的问题有待破解，有不少共同的挑战需要各国政府和企业携手合。然而，既有的各种全球能源治理机制缺乏有效协调，全球能源治理呈现高度"碎片化"，无法满足构建新型全球能源治理格局的需求。

近年来，世界能源格局发生了足以重塑21世纪地缘政治形势的变化。洞悉能源格局变化，把握国际合作契机，将会大大推进国际能源新治理体系的形成。其中，G20（二十国集团）框架下的能源合作机制正在发挥越来越重要的作用。

从2008年G20华盛顿峰会能源议题被列为"其他挑战"，到2009年匹兹堡峰会达成加大清洁能源投资的共识，本身包括俄罗斯、沙特等能源生产大国，又包括美国、中国等能源消费大国，同时又有能在国际能源署、欧佩克等国际机构之间发挥协调作用的G20，逐步走上全球能源治理的舞台。

在2014年的G20布里斯班峰会上，中国与美国、澳大利亚牵头发布《二十国集团能源合作原则》。峰会公报指出，加强能源合作是G20的工作重点，"打造一个强劲并抗风险的能源市场对经济增长至关重要"。在2015年11月的G20安塔利亚峰会上，能源问题首次被列为会议优先议程之一，并召开了G20历史上首次能源部长会议。

2016年的G20峰会成为达成国际能源治理的重要里程碑。中国的"一带一路"倡议、美国的页岩气革命、国际金融体系改革以及乌克兰危机引起的俄罗斯变局，成为彼时撬动国际能源治理体系重组的四大新变量。尤其是中国的"一带一路"倡议，希望通过从政策、设施、贸易、金融、民心五大领域齐头并进，加强欧亚大陆的互联互通，推动中国经济的进一步开放和可持续发展。从能源治理的角度看，这五大领域可以整合为金融体系、基建网络、区域治理三个抓手，本质就是通过能源金融、油气管网、输电走廊、能源通道、多边能源合作平台等基建与渠道，重塑造全球能源格局。

这一奇迹背后的深层次背景是，包括中国在内的亚洲新兴经济体，正在成为世界能源消费量增长的主要来源。与此同时，美国页岩气革命的持续推进，正在降低美国对中东能源的依赖。2014年，美国已成为能源出口国，中东需寻求新的买家，这再次加剧了能源供应格局的改变。乌克兰危机不断加深，美欧对俄罗斯实施金融与能源制裁，俄罗斯财政雪上加霜，能源产量受挫，能源项目面临困境，俄罗斯逐步将能源发展中心转移向亚洲。由此看，世界新能源格局重心东移的趋势已越来越明显。

新兴国家需要有一个表达利益诉求的平台，而发达国家需要保持自身在能源市场上的基本利益，国际市场则需要维持自由竞争的规则。这些复杂的悖论都是G20领导人需要讨论的焦点问题，也是重塑造国际能源新治理体系的重要契机。

全球能源治理的发展演变

当今世界，全球的资源和工业产品链、服务链不断延伸，经济相互依存，伴随全球化过程的能源格局包括经济格局和地缘政治形势发生了很大的变化。全球都在追求能源市场稳定性以及能源经济的可持续发展，总体目标相同但利益主体众多，利益追求的过程充满矛盾。国际能源形势受到世界政治经济格局变动以及新一轮科技革命的影响，不断呈现出新的特点与变化，给不同国家以及一个国家内的各种能源供需主体带来了新机遇与挑战。

进行能源治理时不得不面对的基本矛盾：化石能源由地质条件决定，其物质存量与能源开发利用的政策条件又受国家主权管辖；资源需求方所追求的开放流动性与资源拥有方所追求的流动和流向限制性之间存在必然的矛盾。对于任何一个国家，单靠自身力量来解决重大能源议题很困难。如何通过国际能源合作，推进全球能源治理改革，保障各国的能源利益，已成为新时期中国与世界各国的重大课题。

英国之所以在第一次世界大战中能够胜出，一个重要的因素是英国海军从以煤炭为燃料改成以石油作为动力资源，英国海军不再依赖安全可靠的来自威尔士的煤炭，而依靠来自遥远的波斯湾石油。这样英国海军就能获得更快的速度和更节省的人力，使"海军优势建立在石油之上"的战略成为可能。能源为军事建设服务，举国家之力保障石油的进口渠道，成为英国等发达国家追求能源安全的标准政策选择。

在化石能源的输出侧，第二次世界大战后，亚非国家从1955年的万隆会议开始，追求石油等资源的国有化。1960年，中东石油出口国结成石油输出国组织（OPEC）。1973年10月，中东爆发战争，OPEC为了打击以色列及支持它的美国，宣布石油禁运，暂停出口石油到这些国家，导致油价大幅上涨，由每桶不到 3 美元涨到超过13美元。这是当代世界"能源危机"定性的起源：进口侧与需求侧之间围绕石油使用的政治外交条件和定价展开了结构性竞争。1975年，为对抗OPEC而设置的国际能源署（IEA）正式成立。

在能源消费侧，部分因为1973年的石油危机，也因为工业发展需求催生新燃料、新能源的市场应用，更因为在进口国政府和社会之间形成了降低石油依赖度的广泛共识，从加快投资天然气的商业利用开始，其他形式的能源应用获得支持，以免重蹈石油被禁运的覆辙。经过几十年的努力，石油在世界能源消耗中所占比重不断下降。同时，政府组织和支持石油企业和民间投资大幅度建设石油战略储备体系。值得一提的是，这一时期的能源政策改革，特别是在天然气领域的改革，为在20年后的美国"页岩气革命"获得成功打下了基础。

在生产方面，OPEC在1972年的石油产量占全球石油产量的52%，此后这一数字跌至1985年28%的水平，虽然之后一度回升，但还是低于禁运前的数字。数十年来，石油的全球消费总量其实不断上升，但市场占有率却下降。出现这种变化的原因是，中东以外地区的石油和天然气的生产获得了广泛的支持，除油气以外的燃料消费总量上升得更快。

到20世纪末，由主要西方能源消费国主导而建立的国际能源治理机构和机制追求的治理目标也变得多元化。如果说20世纪80年代的能源治理核心手段是应急机制协调，那么经过十多年的努力，IEA基本实现了动员尽可能多的国家建立起石油战略储备和构建应对供应短缺的协调机制的目标。

能源治理方面的国际协调与经济发展方面的国际协调分不开。总部也设在巴黎的经济合作与发展组织（OECD）在国际能源治理领域的作用也不可忽视。

OECD提供了一个框架，在此框架内成员国可以交流经济发展经验，为共同的问题寻找答案，协调在国内外政策中的合作实践。通过发布对能源投资和贸易行为有影响的信息，影响全球的商业媒体，OEDC获得了对油价、能源资产估值等重要环节的话语权。

进入21世纪，众多以"能源安全""能源治理"为目标的国际合作与对话机制进入了成形期。这些机构和机制打破了20世纪70年代OPEC和IEA所具有的垄断性地位。原油与天然气供应安全与价格稳定依然是全球能源治理追求的重点，但是在国际层面，"能源安全"成为更受关注的目标。在此基础上形成的生产国集团与消费国集团之间的利益磨合，推动着能源治理的艰难行进。

中国新力量

改革开放之前，中国处于所有国际能源机制之外。改革开放之后，中国逐步融入全球经济，开启了参与全球能源治理的进程。1983年，中国成为世界能源理事会（WEC）成员，逐步探索、学习国际规则。20世纪90年代以来，随着中国经济在全球的扩展，中国开始积极参与全球能源治理。1991年，中国加入亚太经济合作组织能源工作组，随后还开展了区域能源合作机制，不过该时期中国参与国际能源治理并不深入，象征意义大于实际意义。

进入21世纪，随着全球化进一步深入，中国开始尝试更加主动、深入地为全球能源问题做出切实的贡献，由积极参与转变为主动影响。通过担任成员国、联盟国、对话国、观察员国等，与IEA、OPEC、国际能源论坛、能源宪章、国际可再生能源署和国际原子能机构等开展了多种形式的合作，并在一些重大能源议题上发挥重要作用。特别是，中国通过二十国集团、金砖国家、亚太经合组织和上海合作组织等，在一些重大能源议题上成为实质性的推动者。

中国目前也是许多国际能源机制的创始成员，如IEF、联合数据倡议组织（JODI）、国际能源合作伙伴关系（IPEEC）和清洁能源部长级会议（CEM）等。中国还积极参与并主办了众多国际能源会议。2015年11月，中国成为IEA联盟首批成员国。2016年，中国作为东道国举办了G20杭州峰会，全球能源治理成为G20重要议题。

传统上，中国一直更加重视双边能源合作机制，多边能源对话机制是一种辅助性工具。自从"一带一路"倡议被推出以来，中国与外部世界的互动有了一个新的共同追求经济的发展平台。该平台也可以为探索新的能源治理途径发挥作用，使得未来更多的合作主张的形成有更为坚实的基础，推出的合作愿景也更能够有效地得以落实。

随着人们对全球气候变化所造成的现实损失以及潜在威胁认知的提高，越来越多的国家政府及跨国企业开始认识到，在保障能源安全的同时，还必须采取行动快速减少温室气体排放。尽管特朗普领导下的美国宣布退出《巴黎协定》，但是欧盟、中国、印度及其他主要国家和地区多次重申将履行各自的减排承诺。美国联邦政府退出国际气候协议，不等于美国地方政府、企业、科研机构及社会力量在全球气候治理中的作用式微。

如果说未来应对气候变化而推动节能减排的行动具有某种"国际公益"的性质，那么对包括中国在内的众多发展中经济体而言，节能减排的现实收获是改善空气质量。减少和控制能源使用过程中的污染，这是绝大多数发展中国家和新兴经济体的追求。从这个角度看，中国在推动自己倡议的"一带一路"建设过程中，中国国内的节能减排成就、中方为参与国的节能减排所做的贡献，将成为一个重要标识，都会为中国在未来国际能源治理中话语权的提高发挥正面作用。

不难看出，要推动卓有成效的能源治理合作的对话，就必须促使全球不同国家、不同力量走到一起，从油气供应保障和价格稳定扩大到能源与环境安全并重。如何在共通性的多方合作与对话平台上找到利益交集，才是需要研究的课题。这是因为国际能源治理的范畴，已经从油气的跨国贸易拓展到对各种能源形式的关注，从能源生产消费拓展到应对由能源消费而引起的环境后果，合作和对话的范围也从国外拓展到了国内。

有别于以利为先、零和博弈的能源霸权思维，中国在构建"人类命运共同体"理念的指引下，秉持以义为先、合作共赢、共同发展为导向的新能源安全观、大国责任观和正确义利观，能够为建设全球能源共赢格局贡献智慧和力量。

气候变化的理想与现实

能源与气候变化问题关系到人类的可持续发展，是世界各国共同面临的严峻挑战。《2017全球碳预算报告》指出，2017年全球化石燃料及工业二氧化碳排放总量强劲回升，预计比2016年增加2%。全球碳排放量不降反升，气候变化前景不容乐观。将全球气温上升幅度控制在2℃以内，一直以来是一条公认的安全气候红线。然而，时至今日，遏制气候变化的努力依然在理想与现实中徘徊。

应对气候变化与能源转型

人类社会开始关注和讨论气候变化问题，开始于20世纪80年代初。联合国政府间气候变化专门委员会（IPCC）从80年代开始研究，并于1990年发布《第一次评估报告》。从确认有关气候变化问题的科学基础开始，应对气候变化问题逐渐进入了大众的视野，成为国际社会普遍关心的全球性重大热点议题。

IPCC在《第一次评估报告》提出，人类的活动特别是工业化100多年来，大量消耗化石能源所产生的以二氧化碳为主的温室气体，是导致全球气候变暖的重要因素。而气候变暖，将影响地球大气和水循环系统的稳定性，进而对人类的生存造成危机。因此，应对气候变化问题，既是环境问题、发展问题，在一定意义上更是能源问题。

近40年来，随着《联合国气候变化框架公约》（1992年）、《京都议定书》（1997年）、《巴厘岛路线图》（2007年）、《哥本哈根协定》（2009年）、《巴黎协定》（2015年）等国际性公约和文件的出台，全球应对气候变化不断取得新的进展。最新的《巴黎协定》的主要目标是，21世纪全球平均气温上升幅度控制在2℃以内，并为控制在1.5℃以内而努力。

不论是《联合国气候变化框架公约》还是《巴黎协定》，这些国际公约的法律约束力都很弱，尤其是《巴黎协定》，基本上是要求世界各国按照自己的意愿独立自主地确定温室气体减排目标和行动计划。但这是一个置于道义制高点的行动计划，世界各国自主自发行动的结果决定着全球的命运。

应对气候变化，促使各国能源生产和消费的理念发生根本变化，大力发展绿色可再生能源、清洁高效使用化石能源，成为各国追求的目标；应对气候变化，推动了能源领域的技术创新与变革、能源结构优化，成为推动能源转型的重要动力。

1992年《联合国气候变化框架公约》是应对气候变化推动能源转型的起点，但真正形成行动力量的则是2002年联合国在南非约翰内斯堡举办的可持续发展世界首脑会议。会上提出了全球可再生能源行动计划，要求各国行动起来，开发和利用可再生能源，以应对气候变化。到2017年年底，在联合国注册的195个国家中，已经有178个国家制定了各自的可再生能源发展目标、规划和政策。

2017年，全球碳排放再次增长。此前3年保持的碳排放零增长记录被打破，也使人们认为气候变化迎来拐点的乐观预期变得灰飞烟灭。分析前几年碳排放零增长的原因，可再生能源倡导者认为是太阳能等新能源成本降低带来的增长所致，能源效率提倡者则认为意味着经济活动与能源消耗开始脱钩。而事实上，世界部分地区经济增速放缓，这一原因似乎更接近于实际。毕竟，能源经济的大多数内在要素并未发生变化——全球经济的能源效率没有根本性转变，清洁能源占比也没有发生急剧变化。这也很好地解释了经济恢复增长导致碳排放量又重新增加的现象。

为2℃目标努力

更重要的是，要想在21世纪或下个世纪避免海平面急剧上升或其他重大气候变化引起的后果，即便保持碳排放零增长还是不够的，必须实现大幅下降。然而，无论全世界做出何种努力，碳排放量的下降都只是渐进式的。

2017年秋天，在波恩举行的气候变化问题谈判，再次重申了将全球气候控制在工业化前气温2℃内的远期目标。这一目标最早在40年前被提出，时至今日，它仍是全球气候变化问题的风向标。尽管几乎所有严肃的分析人士都认为，这一目标难以实现，但它被一再提出，或许只是为了明确努力的方向，展示一种旨在调动各方面力量的激励目标。但是，人们需要认真考虑追求一个难以实现的目标的后果，思考是否为应对和管理这些后果做了充分的准备。

从理论上来说，如果想在21世纪中期将全球温升控制在2℃内，就需要今天以前所未有的规模应用使碳排放为零的能源技术。这就意味着，需要推动实现渐进式去碳化的许多政策目标，例如，许多国家正在实施的煤改气政策就将被废弃。正是这一原因，许多气候变化研究的倡导者对将天然气作为煤的替代品一点都不感兴趣，甚至明确反对，尽管煤改气是美国过去十年来碳排放减少的最大来源。

现有零碳技术的商业化应用很难满足大规模减排的要求，可再生能源在电网中的市场份额决定了它们的作用。传统的核反应堆曾经一度发展迅速，但数十年来已经很少有国家能够建造大规模的核电站了，这些情况限制了全球电力行业的去碳化进程。而与占全球能源使用量更多的交通、农业、工业和建筑业等相比，在电力行业推动去碳化还相对容易。在炼钢、水泥、化肥和航空等领域，目前几乎没有能够替代化石燃料的能源。

从长远来看，可能会出现更多的选择，但至少在未来10~20年内，下一代技术如先进核反应堆技术、先进地热技术和碳捕获技术，很难实现大规模商业化应用，因而也难以为"2℃"目标做出贡献。如果继续坚持"2℃"目标，是否会降低全球经济去碳化所需的减排技术研发与商业化长期投资，这是当前需要认真思考的问题。

加强促进碳减排的国际合作

作为全球应对气候变化的核心问题，公平性正在日益引起更多的关注和研究，包括国别之间的公平、人际之间的公平以及代际之间的公平。其中，尤以发达国家和发展中国家在应对气候变化中承担的责任义务是否应该相同的问题最为突出。

温室气体排放具有较强的外部性特征，如果不同国家采取不一致的政策措施，会对全球应对气候变化的成本、效果产生不利影响。因此，促进全球减排需要拿出让参与方都认可的方案。在空间维度上，研究者提出了全球范围内碳排放空间的分配方案，探讨设立全球统一碳价的可能性。在时间维度上，一些学者关注了减缓气候变化所应采取的短、中、长期措施。学者们还重点关注了非发达国家的减排潜力以及参与自愿减排的可能性，分析了不同减排义务的分担原则对国家和地区经济社会发展的影响。

在国际合作机制方面，由于存在发展阶段、工业化进程、技术现状等一系列差异，各国所持立场多不相同，博弈仍是全球气候谈判的主旋律，国际合作在理论和制度上也仍然留有空间。作为国际博弈以及地区合作的具体体现，碳关税和碳市场等国际政策机制是减缓全球气候变化的重要措施。此外，全世界应认真考虑建立使用零碳技术所需的国际机制和治理框架。

加快推进煤改气和继续研发可再生能源技术，都将逐步帮助减少气候变化风险。与此同时，不应把那些实现长期深度减排所需的关键技术排除在外。如果目标是深度去碳化，那么就应当进行更多的公共投资，用于研发清洁能源技术并实现商业化运作，尽管这些技术在未来几十年中可能不太会对减排做出多大贡献。

也不应该以把升温控制在2℃内为借口，制定针对全球贫困人口的日益紧缩的碳排放标准。不让贫困人口享受化石燃料驱动的发展所带来的好处是不道德的。因发展停滞而获得的低碳排水平，并不会对缓解未来可能面临的极端气候事件产生任何有意义的影响，但发展带来的红利却将使人们能更从容地应对极端气候事件。

VI

PART SIX

第六部分

未来畅想

未来走到我们中间

对于能源的未来,我们既不乏忧思,也充满了畅想。为此,人们提出了诸多的设想和方案,寄希望于可再生能源的加快发展,提到天然气替代、电能替代、氢替代,也提到储能和无线充电;从不同的层面描摹能源互联网的前景,设想了新的交通方式、建筑方式以及城市形态,或者猜想可控核聚变的突破,将使人类获得取之不竭的能源供应,从而一劳永逸地解决能源问题。

我们相信科技的力量,相信人类有足够的理性,来应对能源发展道路上的挑战。这或许是过去数千年人类发展历史留予我们的启示和信心。但在当下,对于种种关于未来的想法,我们很难完全辨认,到底有哪些出于人类乐观的经验积淀,哪些是由于焦灼而开出的不着边际的解药,到底有多少是真实的憧憬,多少是虚幻的噱头。

人不能拎着自己的头发在大地上飞翔,同样,能源也不能超越它的发展规律。本书前面所述内容其实就是想找出这样的规律，来指引我们投向未来的目光。但这些背后的事物是如此的隐秘和抽象，人类的理性在它面前显得并不完整。即便它已经客观存在，它也是时间的函数、条件的函数、其他事物作用下的函数，处在运动着的"力的平行四边形"作用之中，而并没有直接展示清晰的影像。

虽然我们能够概括性地找出一些蛛丝马迹，例如，能源的发展遵循着高碳到低碳的轨迹，遵循碳氢比不断降低的规律，从单一主导到多元集成，从物质的变迁到信息的融合；未来能源将具有安全可靠、清洁低碳、经济便捷3个特征，等等。但这些依然显得过于粗疏，无法拼出一副完整的图画。

因此，这里只能选择几个方向，提供一些散点式的分析与预测。我们不知道未来能源究竟是什么样、何时到来，但我们相信，关于未来的一些启示，或许藏在这些片段的思悟当中。同时，我们也知道，未来就是今天一天天的累积，遥远的变化起源于当下的契机。正如里尔克所说："未来走到我们中间，为了能在它发生之前很久就先行改变我们"。

多元化能源拼图

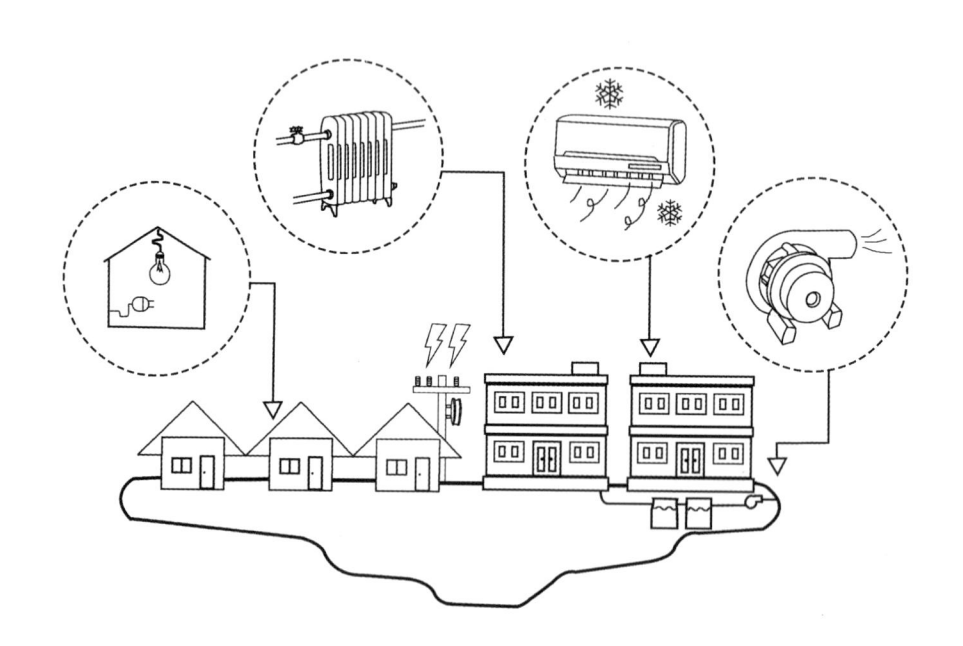

随着分布式发电供能技术、能源系统监控和管理技术以及新的能源交易方式的快速发展和广泛应用，能源将向紧密耦合、互补互济的方向发展。综合能源系统作为多能互补最广泛的实现形式，多种能源的深度融合、紧密互动，涵盖集成的供电、供气、供暖、供冷、供氢和电气化交通等能源系统，以及相关的通信和信息基础设施，为进一步提高用能效率，促进多种新能源的规模化利用提供了可能性。

多能集成的未来能源体系

由于不同能源系统发展的差异，供能往往都是单独规划、单独设计、独立运行，彼此之间缺乏协调，由此造成能源利用率低、供能系统整体安全性和自愈能力不强等问题。为进一步提高用能效率，促进能源的规模化利用，多种能源的源、网、荷、储深度融合，紧密互动，形成横向和纵向的互补协调，是能源系统发展的必然趋势。

传统的能源系统相互独立的运行模式，无法适应综合能源系统多能互补的能源生产和利用方式。多能互补的能源系统打破了单一的能源供应模式，为用户提供综合能源服务，在能量生产、传输、存储和管理的各个方面，运用系统化、集成化的方法，形成运行安全、用能经济、互动有序的能源综合服务平台，进而提高系统用能效率，降低用能价格。

现阶段，能源系统呈现出智能化、去中心化、市场化、物联化等演变趋势，将注定要改变现有的能源系统和行业运营模式。在多能系统中，碎片化的分布式能源具备最广泛的应用场景，改变了人类基本的用能方式。例如，我国能源资源中心和负荷中心呈逆向分布，能源电力生产不平衡不充分导致诸多矛盾。应对能源电力系统面临的挑战，需要大力推动多种能源协同、清洁发展，集中与分布式能源并举，供应与消费集成，公共电网与终端微电网、局域电网相互支持，发电与用户需求双向响应的现代能源电力系统。

分布式能源是未来能源系统的基本单元，分布式能源系统不仅包括分布式光伏、分布式风电等发电系统，还包括分布式储能、充电站等储存、消费端。

未来能源系统不再是发输配用的线性关系,而是生产和消费耦合在一起的蜂巢式、模块化的分布式结构。自产自用、隔墙交易、余量上网等众多模式,不但加快了能源革命的步伐,也对于降低能源成本、发展当地经济带来新的机会。

当前,正在建设中的国家多能互补集成优化示范工程项目分为两大类。一类是终端一体化集成供能系统,主要以天然气热、电、冷三联供、分布式可再生能源和能源智能微网等方式实现多能互补和协同供应。目前,我国能源的终端消费主要包括冷、热、电、汽这四种能源产品。在工业园区、经济开发区以及新城市里,如果把这些能源需求统筹考虑、协同利用,必将大大提高能源利用的效率。另一类是风、光、水、火储多能互补系统,利用大型综合能源基地风能、太阳能、水能、煤炭、天然气等资源组合优势,推进风、光、水、火储多能互补系统建设运行。

多元化能源的奇点时代

能源革命说到底取决于科技突破。一方面是需求端,例如,最初原油替代煤炭时只用于照明,是内燃机的发明催生了现代汽车工业,进而带来交通燃料需求猛涨,才让原油替代煤炭成为首选。如果储能技术和电池技术实现革命性突破,电力传动系统有可能成为内燃机的"终结者",无疑将颠覆现有以油气为主的能源基础。另一方面是供给侧,例如,能源勘探开采等技术升级,仅水力压裂技术就开启了页岩气革命,美国启动最新的稠油开采技术,可在井下把黏稠的石油处理成液体甚至气体,吹响了稠油革命的号角,或许比页岩油革命来得更猛烈。

显然,能源革命的背后,比较的是"成本"。从经济性看,过去几年风电、光伏发电价格不断下降,竞争力日益增强。但人们往往只看到有形、直接的经济成本,却忽视了无形、间接的生态成本、机会成本,以及资源禀赋、获取难易等造成的成本。

在当下技术水平下,能源存在一个"不可能三角",即经济性(廉价)、清洁性(环保)、稳定性(可靠),三者最多只能占据其二。例如,燃煤发电,廉价、稳定却不环保;风电环保、廉价却不稳定;太阳能即使廉价也不稳定(关乎日照时间与转化率),环保效果还有待商榷;核电则陷于造价高昂、核泄漏等重重安全隐患之下。

未来能源世界将形成多元化的格局,这一点已成为共识,正因如此,当下各种新能源百花齐放、市场混战,世界能源发展由此进入奇点时代。这就不难预料,未来能源多元化革命将出现两大真实画面:一是去碳化、清洁化。不单新能源本身面临节能环保水平提升,传统能源也将加速清洁技术改造,进而成为真正的清洁能源。二是能源联网化、智慧化。借助信息技术加快发展,从单一能源到多能源优化互补,进行能源系统集成,在需求侧响应下进行高效能源管理,供能从集中式到分布式,实现能源产销一体,进而达到能源物联。

智慧能源

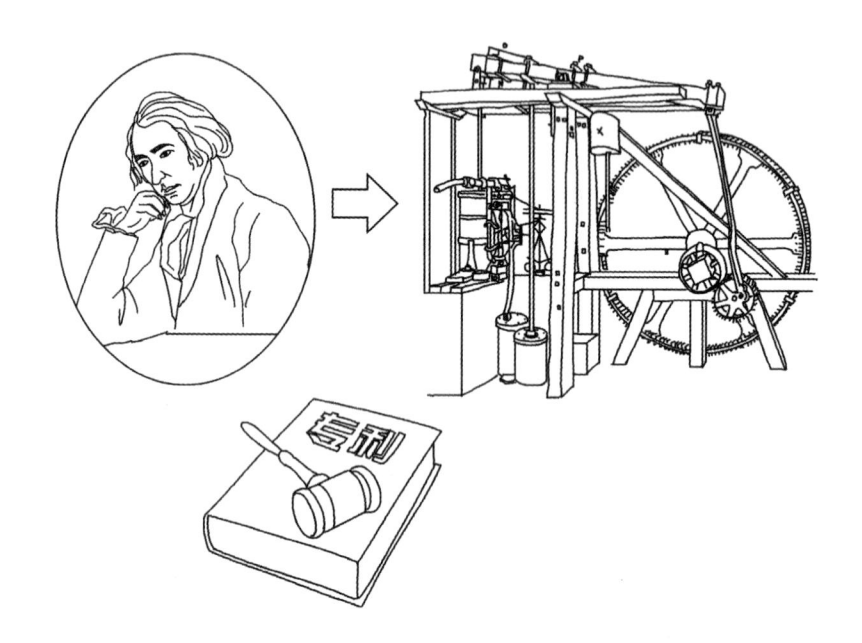

亿万年来，人类借助能源的内在力量，实现着自身的生存与发展。从能源形态的演变到能源效率的提高，从能源使用方式的进化到对能源负面性的约束，可以说，人类发展史既是一部向自然界索取能源的历史，也是一部从农业文明、工业文明到生态文明演进的历史；不仅是一部以能源为表象的物质发展史，更是一部人类不断运用智慧、释放智慧、提升智慧的精神活动史。

人类智慧推动能源发展

从薪柴到煤炭再到电力和石油，人类始终在探索更加高效、便捷、清洁的能源使用形态，这是运用智慧的最直观的表现，数不胜数的科学家、工匠技师和技术狂人为此付出了毕生的心血，不断演进、日益先进的能源因而也是人类智慧的结晶。风电、太阳能、氢能、核聚变、页岩气、可燃冰等能源以及储能等技术的发展，仍然需要凝结着人类智慧的科技进步来推动。科技是能源发展的最大动力，人的智慧最终都要通过科技的突破，转化为具体的能源形态或能源利用方式。在这个过程中，天才般的灵感迸发，艰辛的探索、试错与纠错，都是人类智慧的不同表现形式。

良好的社会制度设计是确保人的智慧得以有效运用的重要保障，包括技术发展的组织形式、产业战略布局、创新激励、人才选拔使用机制等。举一个简单的例子，第一次工业革命之所以发生在英国，一个重要原因是，当时英国用法律手段保护和奖励知识产权，有力地促进了私人的发明积极性，使无数人都陷入对新技术、新发明的狂热之中。到1851年，英国总共颁发了13 023项专利。瓦特依靠转让高效能蒸汽机发明专利，过上了非常富庶的生活。技术创新的激励机制，对英国发展影响深远，让这个小小岛国在几百年中发展动力强劲，直到已进入知识经济时代的今天，这个制定了世界上第一部专利法的国家，仍然在全球高新产品生产国中位居前列。

纵观人类能源发展史，透过技术、产品等物质的表象，我们发现其中的精髓和真正的力量是人的智慧在发挥作用。其中既有精英阶层发挥强大的影响力,使能源走向发生重大改变,例如,丘吉尔在决定用石油替代煤炭时的果断与魄力,还有美国前总统卡特内阁倡导提高能源效率时的远见与坚决;也有公司这种人类自己发明的商业组织形式在很大程度上推动了能源的更替和升级;还有普通的芸芸众生,他们看起来分散而弱小,但推动能源发展极为强大的力量恰恰蕴藏在这里。

人类智慧本身是一种"能源"

在新的能源革命驱动下,未来的能源结构将是以化石能源与可再生能源相互关联、彼此循环的多元化能源体系,从生产、存储、运输、应用到回收的整个生命周期实现智能化、系统化管理,从而综合解决能源供应、能效提高、减少排放等问题。这意味着,在化石能源带来的挑战面前,人类的探索道路不是局限于某些新能源领域中的苦苦追寻,而是努力将人类智慧最大限度地融入各类能源生产、应用、储运和回收的整个生命周期之中;不是依赖简单的、点对点的能源开发与应用,而是通过对整个能源体系的颠覆和重建,实现单一能源的价值增溢和整体能效的最大化。

我们不妨大胆展望一下这种充分融汇了人类智慧的能源体系,它最大限度地开发了人的智力,依靠技术创新和制度变革,将人类智慧融入各类能源生产、应用、储运和回收的整个生命周期之中,建立一种符合生态文明和永续发展趋势的、满足安全清洁高效要求的能源技术和制度体系。在此基础上,形成能源文明的理念,站在"大能源"的整体高度,运用系统优化的思路,寻找全方位、全品种、全链条、全过程的能源成本收益的最优平衡。

这一新的能源构想不仅是互联网理念引导下的基础设施和能源体系变革，也是新理念、新思维和新方法等人类智慧的集中体现，有助于人类走出一条智力与物力双重优化的发展道路，解决能源资源瓶颈和环境危机。如果说前两次能源转型是人类的自发行为，那么第三次能源转型则是人类为了在地球上生存不得已而为之的自觉探索，是努力把握人类社会发展规律、从必然王国向自由王国的迈进。

人类的文明程度越高，对能源的要求也越高，能源所凝结的人类智慧理应越多。人类的智慧具有相对无形性，它不是一种"实物"，而是一种思维方式，具有抽象特征，人们常常忽视它的巨大潜力。"智慧即能源"，当我们自觉而又合乎理性地反思到这一点，我们就能意识到，在能源发展中，挖掘其中的智慧内涵所具有的重要意义。也因此，我们对任正非所说的一段话会有更深的感受："自然界任何资源是会枯竭的，唯有文化生生不息。文化产品都是人类智慧创造的，没有什么可以取之不竭的自然资源,、唯有在人的头脑中挖掘出大油田、大森林、大煤矿。"

智慧能源的本质

"以更少投入获得更多产出"是经济学中的一个常见命题，同样也适用于能源产业。推动能源转型的核心动力是人类对能源投入产出效率永不停止的追求，这种潜意识的成本收益分析从深层支配了人类对能源的理性选择。回顾人类历史上前两次能源转型：以煤炭取代薪柴和以石油取代煤炭，主要体现在主导能源的形态转变上。而正在发生的第三次能源转型将构建一个多元化的能源图景，将推动整个能源系统的全面升级；除了继续在能源品种上遵循"去碳化"的规律，能源体系的组织形式也将成为更开放的生态系统。

在互联网高速发展的今天，信息将为能源的生产、运输、存储、消费提供更高效的沟通和反馈机制，信息技术的深度介入将改变以往能源利用单纯追求规模扩大的定势，而是更多地将人的智慧融入其中。通过提高非物质性的信息输入，降低能源和资源消耗，使人类由被动使用能源变为主动改造能源，进而极大地提高能源使用效率，获得更高的能源回报。从某种意义上说，充分吸收和利用人类智慧，正是未来能源的"智慧"特征之所在。

杰里米·里夫金在《第三次工业革命》中提到，历史上的工业革命均是通信技术与能源技术的结合。智慧能源被冠以"互联网+"的修饰，也充分说明人们对能源系统和信息系统深度融合的期望。作为全新的能源形式，智慧能源代表了一种高效、安全、低碳、经济、共享、可持续的现代化能源体系。在这个体系中，能源流将如信息流一样多元、双向、顺畅、自由配置。由信息配置能源，能源提升价值，将会改变甚至颠覆人类的现有生活方式。

智慧能源具有智能化、清洁化和去中心化3个主要特点。智能化体现在能源管理系统平台的应用上，借助互联网及能源大数据分析，使人类对能源的利用更加便捷高效，更加人性化。清洁化一方面体现在能源结构的清洁化程度的提高，加大清洁能源的入网比例；另一方面，智慧能源将引领节能减排和提升能效的新风向，实现低碳化管理的实时监控与可视化管理。去中心化体现在通过能源的互联互通推动能源在不同区域的优化配置，减少远距离集中式供应，增加近距离小范围的能源自我消纳。

智慧能源倡导以互联网的思维来推动能源发展，代表了一种全员参与、互通共享的发展理念，将推动能源供给、需求和信息的互联。与大工业条件下个人只是能源的被动参与者不同，在智慧能源体系当中，每个人都可以充分发挥主观能动性，自主选择能源、改造能源，积极创造新的能源形式，努力提高能源利用效率。

智慧能源的消费者同时也是能源的生产者。智慧能源将打破传统能源的单向辐射状供应模式，更注重能源的双向按需交流和动态平衡使用。智慧能源的生产端更为多元化、小型化，鼓励天然气、可再生能源等分布式能源纳入并网范围，人人都可以成为能源的供应者。

另外，智慧能源将真正实现"藏能于民"，有效保障国家能源系统安全。除了能源的生产和消费，储能领域将会被极大扩展，形成"供能、输能、储能、用能"四合一的立体系统。用户在用电低谷期，对储能设施充电，降低家庭用电成本，在用电高峰期使用储能设施供电，更好地起到削峰填谷的作用。

智慧能源发展的机遇与挑战

当前，直流电网、储能、安全通信等关键技术成为制约智慧能源发展的瓶颈，智慧能源的发展离不开能源技术的创新。然而，智慧能源的发展并不能只依赖技术的单兵突进，比技术更重要的是良好的制度设计、管理体系的建立和商业模式的创新。从某种程度上说，智慧能源的发展是"三分技术，七分政策"，这包括高屋建瓴的顶层设计、广泛适用的标准规范和与之匹配的监管体系、基础设施建设的统筹部署、智慧能源管理系统的建立和完善等。

智慧能源的发展更离不开起支撑作用的创新的商业模式。有人将智慧能源称为"能源淘宝"，一语点破未来能源交易个性化、多样化和平等自由的新特点。未来，消费者将充分拥有能源使用的决定权，将有更多的零售商、小型用户和代理商参与多方交易，真正实现能源的个性化定制和按需选择。

智慧能源可以有效缓解城市建设过程中的能源与环境矛盾，实现对传统能源行业的重新塑造和逆向整合，在中国有广阔的应用前景。但任何新事物的发展，都有一个循序渐进的过程。中国要想驶上智慧能源的快车道，不得不面对现实的挑战。首先，社会对如何推进智慧能源建设尚未达成共识，不同行业基于不同的立场，存在意见分歧，进而使公众对此缺乏清晰的认知。其次，我国的能源管理系统相对闭塞，没有开放共享的氛围和基础，尤其是相关能源数据库难以开放，导致信息极不对称，难以支持能源数据的汇集共享以及挖掘分析。最后，直流电网、储能、安全通信等关键技术还不成熟，间接造成智慧能源的用户体验较差，无人愿意为前期试验买单。此外，市场交易规则不成熟、商业模式单一落后，导致能源交易市场缺乏朝气。当然，这些都是发展中的问题，只有正视并妥善解决这些问题，中国能源行业才能真正实现蜕变；也只有那时，智慧能源的应用才能真正提速。

就近中期而言，掌握智能电网、储能、天然气分布式利用等核心技术的创新型企业将会首先享受红利，而传统能源公司以及公用事业公司因其具有的基础优势，一旦插上互联网思维的翅膀，将会成为未来的智慧能源巨头，为终端用户提供"电、热、冷、气、水"一揽子服务，能源生产、转换、运输、存储、消费一体化解决方案将成为这些企业的核心竞争力。未来的能源生产商将逐步向能源生产服务商转变，成为新生产、生活方式的创造者、能源解决方案的提供者和商业模式的创新者。

挖掘未来的"石油"

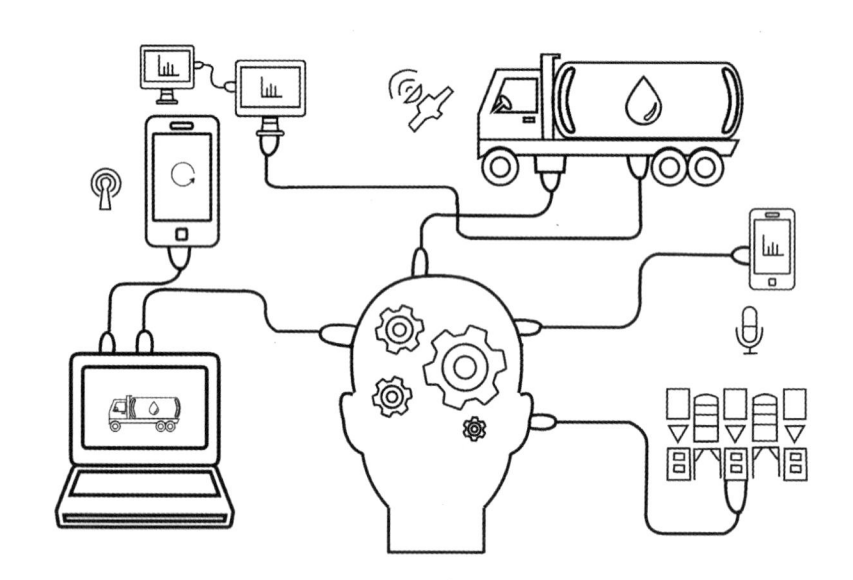

数字化或许可以算是当今最流行的"关键词"之一，不仅在工业制造领域，数字化或智能化一时风头无二，而且在能源领域，数字化也逐渐呈现出势不可挡的姿态。全新的数字化、智能化技术帮助传统能源业加速转型升级，促进能源业进一步降本增效。与此同时，如何更好地实现数字化转型也成为摆在能源行业面前的全新课题。

能源行业的数字化发展

对于能源企业而言，数字化被视作实现传统能源行业转型升级并重新焕发生机的重要驱动力。由于气候变化和环境保护的双重要求，传统以煤炭、油气等一次能源为主体的能源结构，正在逐渐向以电力系统的二次能源为主体的结构转型，而电力系统相比化石能源在本质上具有更契合数字化的先天优势。人工智能、大数据、云计算、物联网等技术的快速发展迭代，为传统行业的数字化提供了网络和算力基础设施，客观上为数字化的崛起扫清了技术层面的障碍。传统行业在互联网时代遇到的商业瓶颈，也迫使从业者们重新审视发展之道，优先踏入数字化领域的企业带来的竞争优势，倒逼周边的其他从业者开始转型，传统能源行业开始向数字化敞开大门。

能源行业的数字化转型有自身的独特之处，需要有针对性地将高效的计算、大量的数据存储、高效的通信与各种生产消费场景进行深入结合。作为能走进每个家庭与企业的行业之一，能源企业有潜力成为数据采集的超级枢纽，从而获得新的视野和洞察力，从供需双方的连接中创造更多价值。

在智能时代，云、物联网、数据分析、机器学习、人工智能、自动化、智能终端、增强现实等技术组成错综复杂的生态系统。技术不仅是提升效率的工具，还是能源行业成功的业务战略与未来收入增长的基石。例如，云能够带来最大化的灵活与敏捷，并帮助能源行业快速适应动态的市场变化与客户需求，扩展数字接触点与收入渠道。移动技术的发展正在持续拓展移动设备的应用范围，能源行业对配网自动化、计量自动化、智能抄表、视频监控、移动办公等都有迫切的需求，移动化的技术应用带来了新的机会。

能源企业借助物联网的数字化传感器采集到的数据，数量之大、种类之多都是前所未有的，将成为智能化的重要基础。物联网在智能电网的应用就是电力物联网，以实现发电和输电网络的自动化，其核心是使用新一代的无线技术（如5G）采集各种智能终端的数据，然后进行传输，在统一的平台上进行处理和分析，实现电力业务数字化和运营效率的提升。

大数据技术也在能源行业越来越深入地得到应用。在欧洲和澳大利亚，能源零售商利用大数据分析技术，进行需求预测和客户分群，从而拓展其服务范围。输电企业也已经在利用强有力的大数据技术。另外，电力公司还在寻求用大数据技术获取其在智能电网上的投资回报，并改进业务目标。例如，规避和恢复电力中断、侦测电力盗窃和诈骗行为，以及对故障的预测性维护。此外，机器学习与人工智能将在大数据分析领域发挥更大的作用。

未来能源行业数字化转型涉及面是非常广泛的，其中有几个主要的方面：一是资产生命周期数字化管理。新的数字技术改变传统的运营模式，对资产进行更加全面和更加敏捷的分析和管理。二是循环协作式生态系统。采用整合数字化平台，提高生态系统参与者之间的协作，帮助加速创新，降低成本，并提高运营透明度。三是开辟新业务空间。在能源行业与数字经济的结合处，拓展新的业务形态，为客户提供新型服务和产品。四是助推新能源系统迅速发展。能源系统的数字化推动了商业模式的优化创新，改造传统的能源系统，从而创造出新的价值。

总的来说，数字技术将从3个方面解决能源发展中的"痛点"：解决低密度分布式再生能源和高密度集中式需求的矛盾；提高能源使用效率，有效降低能源消耗；打破冷、热、电、汽分割的行业"竖井"，优化整个能源系统。可以说，数字化转型规模和影响同以往历次重大工业革命不相上下。虽然这一变革拥有惠及行业和社会的巨大潜力，但是利益相关方只有加强协作并采取坚定行动，才有望在最大程度上实现覆盖全社会和跨越行业的数字化价值。

油气企业的数字化转型

数字化浪潮如此兴盛，就连近年来一直有些"灰头土脸"的油气行业也越来越多地将关注点投向了数字化转型。事实上，数字化技术对于油气行业而言并非新鲜的事物。石油和天然气行业对大数据、技术和数字创新并不陌生。早在20世纪80年代，油气企业便已开始采用数字技术，更准确地了解资源储量和生产潜力、改善安全业绩，并且提高世界各地油田的边际运营效率。从20世纪90年代到21世纪初，油田数字化浪潮席卷了行业内的大部分机构。

然而，在最近十年的大部分时间里，油气业界并没有充分把握机遇，更好地使用数据和技术。例如，油田中的单台钻机每天可以生成数万亿字节的数据，但只有一小部分被用于决策。这导致油气行业逐步在数字化进程中落后，数字化程度远低于电信、银行、汽车等行业。部分原因是，虽然数字化技术及数字化支持下的转型很重要，但是数字化并不能直接提供能量。数字化转型的初期并不能为财务平衡带来直接贡献，甚至增加成本。

伴随能源转型进程，石油在能源供需中的占比将逐步下降。传统石油业务对石油公司的现金流及财务贡献日益减弱。尽管预计2030年前石油供需依然坚挺，新能源发展不会对石油公司造成伤筋动骨的威胁，但如果等到石油消费达峰后再开始转型，石油公司在数字化及针对终端的综合能源服务方面，与先行者差距将更大。我们已经看到，数字化先行者们（如电力领域、公用服务事业、新能源体系构建者等）对终端用户有着极强的黏性，而且现在已经处于竞争激烈阶段。相比之下，石油行业在数字化进程上已经落后了不少。

数字化转型不仅仅局限于数字化，还需要网络化和智能化，这样才可以满足用户个性化多样化的需求。在石油产业链中，如果只局限于上中游（石油公司的传统业务）开展数字化，其实与自动生产差异并不大。数字化生产仅是数字化的一部分，虽然对降成本有所贡献，但由于同质性的存在，极容易被同行复制。传统能源企业数字化（生产）不等于（接近用户的）综合能源解决方案提供商，其中的区别在用户黏度及对消费的影响上，这是非技术因素。

这就是说，仅仅在油气行业上中游考虑数字化转型的应用速度与水平，将难以撼动能源版图向电气化转型的改变趋势，尤其是消费侧。如果不注重向终端发展和延伸数字型业务，石油公司将有很大概率被"锁定"在上中游传统业务上，而不可能成为以服务为主的平台企业或提供综合能源解决方案的企业。综合能源提供商必须接近下游消费侧，通过数字化的综合能源服务锁定用户，方可实现传统能源企业向服务型企业的转型，基于数字化及网络化的业务也更加牢靠。

由于行业特性上的差异，相比于电力领域及公用服务事业而言，业务及资产集中于上中游的传统石油公司在数字化上相对处于劣势。要改变这一局面，油气行业需要走出舒适地带,向消费终端发展新业态,走出被固定于上中游的不利条件。不管是生产环节还是消费环节,数字化和网络化需要实现数据共享和协调,这需要标准化的数据清洗、采集、转换等大量基础工作,包括数据信息平台及有效管控机制。在此过程中,石油公司不能囿于一时得失,需要高瞻远瞩,制定长期战略,从用户角度出发,创造条件加快数字化转型步伐。

链接产生价值

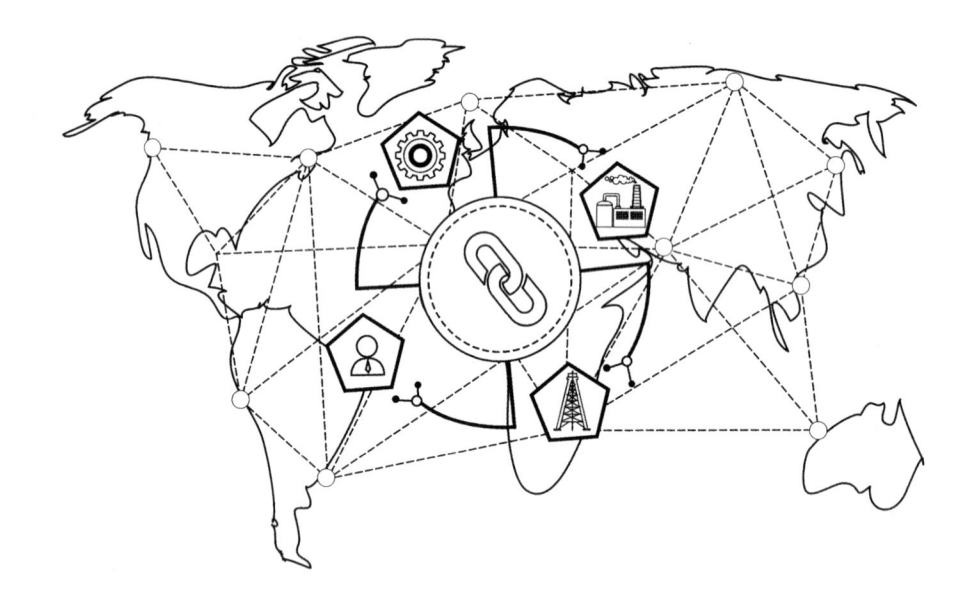

为应对能源行业发展面临的挑战，杰里米·里夫金在《第三次工业革命》中提出"能源互联网"的概念："我们需要创建一个能源互联网，让亿万人能够在自己的家中、办公室和工厂里生产绿色可再生能源。多余的能源可以与他人分享，就像我们现在在网络上分享信息一样。"这预示着能源的供给需求路径和条件在不断发生变化，更经济、更清洁、更个性化、更碎片化的能源蓝图正在绘制中。借助国家能源转型的东风，能源企业和互联网企业都曾分别尝试从各自的角度推进能源互联网。在可预期的未来，依靠蓬勃发展的智能技术，实现能源的智慧管理和定制化的能源服务，能源行业将获得广阔的发展空间，所有参与的企业将获得更好的发展机遇。

能源互联网迎来机遇

能源互联网可理解为综合运用先进的电力电子技术、信息技术和智能管理技术，将大量由分布式能量采集装置、分布式能量储存装置和各种类型负载构成的新型电力输送网络、石油输送网络、天然气输送网络等能源节点互联起来，以实现双向流动的能量对等交换与共享网络。总的来说，就是互联网与能源的结合，通过互联网来打造一个基于可再生能源的分布式共享的网络，其核心是以"全连接"来重构能源企业的思维模式，在消费者与能源企业之间、能源企业与电网之间、消费者与电网之间以及服务企业与消费者之间建立"全连接"。

在未来的能源互联网世界中，分布式能源具备最广泛的应用场景，由数十亿计的光伏板、风机、储能电池、电动汽车、智能用电设备、家庭能源管理系统组成新的能源系统。它具有随机性、复杂性和波动性的特点，区域能源需求因气候、经济、人口各异，这就导致它将不得不面临新的挑战——能源系统协同成本问题。解决思路是通过信息管理实现分布式系统的耦合，最终实现提高能源利用效率的目的。

数字时代的到来，为解决能源系统的协同成本问题提供了非常好的技术支持，从物联网、云计算到人工智能和实时控制技术，都能对解决系统协同提供技术支撑。能源系统的物理世界被打碎后，需要在数字世界重新统一融合。这样的融合和重构需要通过能源互联网来实现。

能源互联网可为分布式能源的开发与生产、应用与交易、转换与存储提供运行机制，将分布式能源与互联网、大数据、人工智能技术结合起来，促进人类的用能方式向"产消者"方式转变，能源的使用者同时也可以是能源的生产者。分布式能源与能源互联网的结合也拓展了应用空间，通过日益智能化的信息技术，使得基于分布式发电的虚拟电厂的电力数字化交易成为可能。

分布式能源可以帮助落后地区实现能源基础设施的跨越式发展。而能源系统的分布式革命，又将为5G、大数据、云计算、人工智能、网络安全等技术提供最大的应用场景，引领工业互联网发展趋势。物联网和人工智能技术的赋能作用，有利于能源系统与生产系统协同，进一步提升能源使用效率，使骨干电网和微网单元进行柔性互动，从而实现精细化、智能化，实现全生命周期的增效降本。

能源进化新路径

未来能源体系将如何构建？其模式必然与传统集中式能源体系运行模式截然不同，因此互联网技术与能源的结合，让人们看到了一种新的方式。互联网能源打破了传统能源市场的交易模式，改变了能源供应和消费的格局，被业内认为能源未来发展的趋势。

能源革命始终推动着人类文明的发展与经济的进步。当今的能源问题主要表现为能源供给端始终占据着主动地位，而能源消费者并不能左右能源的生产与供给。此次能源革命，将是一场关乎能源消费端的革命。

当前，分布式能源的快速发展正在改变着能源消费和使用形态，未来可能形成"人人既是生产者，也是使用者"的能源格局。从集中式供能到分布式能源，再到互联网能源，逐步打破远距离输送能源、能源效率低下、供需平衡等问题的约束；互联网能源则进一步解决了能源的可持续性、信息流通、垄断、基于互联网技术的交易方式转变等问题。这种与传统能源格局截然相反的观念，与互联网时代的特点和先进的科技手段密不可分。

中国能源体系已进入加速转型的关键时期，集中式与分布式协同、多能融合、供需互动、高效配置的现代能源体系正在形成，互联网与分布式能源的深度融合，也将带来一种全新的能源生产和消费的产业组织模式，将天然气、风、光、地源热、水源热等多类能源、能量，根据不同的来源、不同客户的需求因地制宜地进行匹配与调度。同时，利用泛能站集成技术，形成多个泛能站之间的能源调配，运用智能化控制和云计算技术，形成供需互动、有序配置、节约高效的智能用能方式，实现能效最大化。

这样的变革思路并不仅存在于中国，国外许多国家同样提出将互联网技术与可再生能源技术结合，构思了一幅人人生产、人人消费的可再生能源的美妙图景。例如，罗马试图通过将社会空间、经济空间和政治空间改造成一个资源共享的综合生物圈，利用可再生能源发电，通过便携的电网将电力输送到各个区域；摩纳哥公国将住宅建成微型绿色发电站，向电网输入清洁的电能，并将使用汽油的公交车改为氢燃料电池公交车，成为全球第一个公交系统零排放的国家。

在整个能源体系革命中，如何看待互联网的角色，它是作为一个工具还是一种思维方法，不同的选择可能会带来截然不同的结果。美国提出的智能电网、欧洲提出的能联网都是从企业或行业的角度，仅将互联网作为一种技术工具而开发出能源的互联网。还有一种观点则更为注重互联网所带来的扁平、高效、以客户为中心等新的思维方式，为达到这些目标而选择合适的技术手段。越来越多的能源企业开始意识到互联网的渗透和影响，并不断为此谋局落子，期待这些探索早日见到果实。

区块链的应用前景

如果说"互联网+"智慧能源战略是中国能源数字化转型开端的话，区块链与能源的结合则是对能源数字化的进一步探索与尝试。能源互联网领域多年来并未实现业界宣称的"颠覆"，归根结底，它仍旧是现有中心化能源系统的数字映射，其实质是将原有的能源数据电子化和互联网化了，体现为能源管理系统的操作平台化和能源产品的电子商务化，仅仅是业务层和终端交互方式发生了变化，并没有带来能源行业生产关系的革命。而区块链技术的兴起，终于让能源互联网的愿景更加接近现实。

区块链所做的是利用去中心化的分布式账本技术，通过智能合约、共识机制、加密算法等，在商业信用、价值传递、交易清（结）算等多维度解构现有的能源生产和消费模式，并搭建新的能源商业体系的底层构架。未来能源互联网中的各节点都可以成为独立的产销者，以去中心化形式互相交换能源流、信息流、价值流，同时各主体平等分散决策，区块链技术去中心化的属性可以匹配该结构，实现所有节点的权利义务对等，其不可篡改的特征使得多元化的能源市场中无需第三方的信任机制即可实现信任点对点的价值传递。基于区块链公链开发的智能合约功能，可以使合约的执行变得智能化和自动化，购售电交易、需求侧响应等都可以通过区块链的智能合约来实现。

从理论上说，能源区块链在能源价值链的多个环节都可以发挥作用。区块链技术能够服务于能源资产的生产开发，因为无论对于能源资产的资产证券化，还是对于绿色能源的碳资产开发，都可以通过区块链技术进行资产登记、溯源、流转。在能源消费端，电动汽车的充放电、分布式能源的就近交易等，也可以通过区块链底层技术来开发相关应用。此外，区块链技术在储能、需求侧响应、液化天然气（LNG）转运等方面也有广阔的应用空间。这一技术究竟能否带来实质性的改变，我们拭目以待。

交通革命

　　交通领域是能源消耗的大户，其中汽车方面的能源消耗又占据主要部分。在能源转型之时，未来的交通无疑与现在的极不相同。汽车动力技术的转型原本是技术进步和市场推动的自然过程，但是在当前这一轮汽车技术变革中，诸多国家政府强力干预，成为最大的推动力，背后既有对环境的忧虑和实现绿色出行的追求，也有抢占未来产业制高点的强烈愿望。

当我们期待汽车这种传统交通工具从传统的燃油驱动进化到新能源驱动时，这个进化过程肯定不是一种步步递进式的线性迭代关系（例如，从燃油车进化到混合动力车，然后再进化到燃料电池车，最终进化到电动车），反倒更像人类进化的树状理论，即每一种能源模式（混合动力、插电混动、电动汽车和燃料电池）都在这个进化树中占据一条进化分支，所有的进化过程都在同步进行。

石油的优势

我们每个人能接触和使用的能源类型，因其各自的属性不同，分别在不同领域发挥效力，并且其所扮演的角色也在随着时代发生改变。例如，原子能和水力发电，其工作地点和影响范围都受到地理环境的极大局限，因此，并不能作为一种普适的能源供应形式来使用。至于像我们熟悉的煤炭，就曾经广泛用于驱动蒸汽机，但随着热值更高的汽油的出现，使用汽油且燃效更高的内燃机便逐渐取代了煤炭与蒸汽机的动力组合。现在，煤炭更多地被用在火力发电环节上，使其综合燃效能得到最大限度的发挥。

是否可以像很多人所设想的那样，把所有的交通工具都变成纯电驱动，并把它之前所耗用的石油燃料都用于发电呢？答案是短期内这个设想并不现实。电动车目前的两大"软肋"是电池充电时间长和能量密度低，这也是阻碍其推广的最大瓶颈。而且，对于如何解决充电时间长的先天性"软肋"，在未来一段时间内几乎不太可能从化学角度找到一个合理的解决方案。即便把电动车的这两个瓶颈都解决了，它的应用和推广也并非那么容易。

如果把传统汽车使用的石油燃料全部用来发电，然后用电来驱动电动车，那么我们必须考虑的一点是摒弃石油燃料便于运输和储存的优势之后，重新设计并推广智能电网并承担其输电损耗，是否会造成整个能源利用链的效率低下。而且，石油燃料还可以通过物理储存的方式在长时间内保持不变的热值。并且以随时都可以拿出来使用。相比于石油这一优势，在国家的战略支柱能源层面，电能具有不可忽略的劣势。因为电能无法保证长时间稳定储存的特性，决定了它是一种快速消耗型的能源。

如果一个国家所有的交通工具都采用电能驱动，那么一旦输电网络出现大面积瘫痪或者发电站大面积停止工作，将给社会稳定带来毁灭性的影响。因此，把交通工具能源结构简单化的设想，从社会化应用角度和国家战略层面来考虑要承担很大风险，更不用说在新能源演化过程中，这个设想与树状多元进化的发展规律本身相悖。

燃效的核心价值

在承认多元化发展的前提下，如何提高燃油效率便成为我们面对不同新能源方式需要解决的核心问题。说起燃效，我们首先提及一个相关的概念：系统效率。假设把燃油喷射进一个转化效率为60%的大型涡轮发电机组，发电并经过变压器和输电网络传输，电能被充进一辆电动车并驱动车辆直至消耗完电量。相比于直接用这些燃油驱动车辆，哪一个效率更高？同时，我们还要考虑电动车的电池回收、电力损耗以及石油运输成本给不同链条上的能源效率表现所带来的影响。只有进行这样全生命周期的科学测量和比较，才能得出令人信服的结论。

在目前市面上提供的传统燃油车中，通过涡轮增压技术和直喷技术，可以把一台传统的活塞式燃油发动机的燃效提高到30%左右。如果继续投入资金去开发燃效更高的发动机，可以研制出燃效达到40%的发动机。事实上，如果继续不计成本地持续研究，我们还能得到燃效几乎达到50%的F1（世界一级方程式锦标赛）赛车发动机。但是，为此付出的代价也是极其昂贵的，且此类产品没有大规模量产的可能。

如果适当放松一下对传统燃油发动机的燃效研究，转而去开发一个燃效更高的燃料电池系统，那么考虑到目前燃料电池水平，要把燃料电池系统的燃效和成本（包括电池组成本和工业制氢成本）都提升到具有足够竞争力的水平，一定会耗费大量的时间，并且要投入巨额资源。

由此可见，我国交通能源领域面临的问题是传统燃油产业链的技术不够先进，提高燃效值的前沿技术并没有核心竞争力；与此同时，由于相关领域的技术均不成熟，在新能源领域的技术研发在当下并没有形成具有规模化的竞争力。

我们往往把发展新能源汽车作为汽车工业的"弯道超车"机会，但从整个行业现状来看，不能抱着"弯道超车"的心态，期待一步迈进电气化未来的门槛。毕竟，我们眼下最基础的传统燃油车技术还存在很大的提升空间，而更加先进的能量转化技术也无疑需要这些扎实的基础技术支撑。因此，在未来应当对每一种能源形式都给予足够的发展空间和时间，以通过最经济的方式提高燃效为目的，让传统燃油动力技术和新能源技术一起协同发展，才能获得一个没有"短板"的未来。

多元化的未来

根据前文提出的新能源树状进化理论，在未来的一段时间内，电池、燃料电池和传统燃油必然有一个共同发展的阶段。在这个阶段，不同的能源根据自身不同的优势、缺点及其使用环境，选择适合自己的用武之地。大众汽车公司提出要拿出500亿欧元用以发展纯电动汽车，但同时强调不会放松对传统内燃机的优化努力。丰田汽车公司提出到2050年，其汽车产品的二氧化碳排放将比2010年降低90%，但依然没有放弃混合动力、插电式混合动力车的生产。

在未来，电气化在民用领域的大规模普及几乎是无可非议的共识。在电动汽车相对普及度高的欧洲国家，已经提出了很多可以弥补现阶段电动汽车性能瓶颈的使用策略。例如，当很多电动汽车都接入一个局域电网后，车与车之间、车与电网之间可以实现电量互补或错峰补电。这意味着，一些用电成本低的车主可以用电动汽车给自己挣点"外快"，给其他车充电，或者说让电动汽车成为电网的一部分，最大限度地抑制电网在用电峰谷之间的巨大波动。不过，想实现这些比较好的设想，我们必须实现输电网络的高度智能化，以及拥有足够多的电动汽车使用数量。

电动汽车要实现颠覆性变革，关键在于可再生能源、电气化、网联化、智能化、共享化的高度融合。也就是说，电动汽车的发展前景取决于我们是否能跳出电动汽车本身的局限，放眼未来的能源、交通和城市，将其作为一个相互交融的整体来部署、规划和建设。

未来的交通依赖于汽车革命与能源革命的协同，与汽车电动化并行的是可再生能源的发展。电动汽车规模化发展需要更强大的电力保障，而大规模可再生能源则有赖于消纳和存储间歇性电能的储电能力。两者通过能源互联网的衔接将产生巨大的协同互补效应。同时，必须从制度上和技术上使电动化与新能源对接，把电动汽车的全产业链建立在绿色化的基础上。

交通的改进除了依赖单个车辆效率的提高，还在于整个交通系统的优化。未来利用共享出行，将重构城市交通，"电动汽车+互联网+自动驾驶"的搭配，为再造城市交通体系开拓了新的视野。据研究表明，电动化、互联化、智能化的交通体系将使共享出行的人均公里成本下降45%~82%。机动功能只是汽车的一部分，依靠网联化、智能化和出行服务的创新，未来的汽车将升级为"强大的移动智能平台"。而这些远景的实现，需要高质量和前瞻性的顶层设计，从一开始就把汽车、能源、交通、通信、城市进行综合考虑，实现技术、规划、政策和市场的协同。乐观地预期，交通领域的新革命，将掀起不亚于福特汽车给世界带来改变的又一波新浪潮。

后 记

写在能源边上

本书的雏形缘起于《能源评论》为我开的一个专栏,大栏目名为"思想者",次级栏目为"洞见"。我持续写了一年,把自己关于能源历史的一些零散想法拿出来分享。在一本注重时效的新闻期刊中,能给我留一个空间,从历史文化角度讨论能源的"软话题",我对此心怀谢意。

感谢电子工业出版社刘九如总编辑、齐岳主任,他们充分肯定了我的想法,促成本书的出版,并提出了诸多中肯的建议。从零散的专栏到系统的书稿,是一次从侧面迂回到正面强攻的转变。书名换了很多次,从《能源沉思录》到《能源简史》,再到现在的《能源的进化》,角度略有不同,但内涵都很多,多到让我有一种"力不能荷也"的惭愧。最终写完它,主要还是内心的"肿胀感"使然。责任编辑郭穗娟女士的细致和专业,让我感受到了精益求精的工作态度。两位插画绘制者解欣彤和颜晨曦,她们的工作为本书增色。

  在这里必须提及几个人。丹尼尔·耶金先生的 *The Prize*，曾激起了我对追溯能源历史的热情，他是这个行业中让人仰之弥高的典范。因此，当我有机会与他面对面交谈时，可以想象我激动的心情。关于历史观与方法论，我深受吴承明先生的启发，他的著作让我获得了一种穿梭于历史中的贯通感。瓦茨拉夫·斯米尔先生的创造力和睿思卓识，是这个时代关于能源话题最值得倾听的声音，他每出一本书，我都会尽快拜读。还有尤瓦尔·赫拉利，不用说，他的《简史三部曲》勾起了我的野心，并付诸这次行动。这些前辈学人，对我而言，是"予人慧命者"。

  对能源历史与未来做一次系统深入的评述，超出了我目前学养所及。我敬仰的司马迁，也只敢谦虚地说自己所述是"一家之言"，何况我等。作为一个能源观察人士，我必须诚实地说，与其相信我所说的一切，不如秉持这样一种观念：关于能源发展，任何事后的追述与事前的预设，都不如它本身揭示得多。

  因此，本书不能作为能源历史讲义，更不能成为投资指南，它无非是一个人为了满足好奇心而做的一次单纯的知识探险。在撰写本书期间，有收获的喜悦，也有身如柏拉图所言的"洞穴中人"般的茫然与无奈。个人的挫败不足为奇，它恰恰反衬了能源这一事物的丰富与深邃。唯其如此，它才让我始终保持敬畏。

2019 年春分

参考文献

[1] 张荫麟. 中国史纲[M]. 北京：中华书局，2012.

[2] 斯塔夫里阿诺斯. 全球通史：从史前史到21世纪[M]. 吴象婴，译. 北京：北京大学出版社，2006.

[3] 尤瓦尔·赫拉利. 人类简史[M]. 林俊宏，译. 北京：中信出版社，2017.

[4] 瓦茨拉夫·斯米尔. 能源的神话与现实[M]. 北京国电通网络技术有限公司，译. 北京：机械工业出版社，2016.

[5] 丹尼尔·耶金. 能源重塑世界[M]. 严克风，等译. 北京：石油工业出版社，2012.

[6] 陈新华. 能源改变命运[M]. 北京：新华出版社，2008.

[7] 克劳士比. 人类能源史[M]. 王正林，等译. 北京：中国青年出版社，2009.

[8] 杰夫·鲁宾. 为什么你的世界会越来越小[M]. 曾贤明，译. 北京：中信出版社，2004.

[9] 叶坦. 学贯中西古今 德泽桃李同仁——吴承明先生的生平与学术. http://www.aisixiang.com/data/45577-2.html. 2011-10-25.

[10] 李磊."一带一路"与古代中国的内外秩序. http://www.qstheory.cn/llqikan/2016-09/25/c_1119619915.htm. 2016-9-25.

[11] 飞行的摄影师. 石油，是我们眼下给汽车找到的最好能源形式. https://www.iyiou.com/p/56145.html. 2017-9-27.